ÉTUDE

SUR LES

CONSEILS

DE

PRUD'HOMMES

AVEC APPENDICE

CONTENANT

Un Formulaire des Actes de la Procédure,
de nombreuses Notes explicatives,
Un Résumé des droits d'Enregistrement & le
texte des Lois principales,

PAR E.-J. SAVIGNE

PARIS

IMPRIMERIE ET LIBRAIRIE GÉNÉRALE DE JURISPRUDENCE

COSSE ET **MARCHAL**, IMPRIMEURS-ÉDITEURS,

LIBRAIRES DE LA COUR DE CASSATION,

Place Dauphine, n° 27.

—

1862

CHAPITRE PREMIER.

ÉTUDE

SUR LES

CONSEILS DE PRUD'HOMMES

ÉTUDE

SUR LES

CONSEILS

DE

PRUD'HOMMES

AVEC APPENDICE

CONTENANT

Un Formulaire des Actes de la Procédure,
de nombreuses Notes explicatives,
Un Résumé des droits d'Enregistrement & le
Texte des Lois principales,

Par E.-J. SAVIGNÉ.

PARIS

IMPRIMERIE ET LIBRAIRIE GÉNÉRALE DE JURISPRUDENCE.

COSSE ET **MARCHAL**, IMPRIMEURS-ÉDITEURS,

LIBRAIRES DE LA COUR DE CASSATION,

Place Dauphine, n° 27.

1862

INTRODUCTION.

I

De toutes les juridictions conciliatrices qui existent en France, celle des Conseils de Prud'hommes est, sans contredit, sinon la plus importante, au moins la plus utile.

Une institution qui, sous des dehors modestes, protége les intérêts moraux de la société et les richesses de l'industrie, mérite bien certainement de fixer l'attention.

L'intérêt s'accroît en raison de l'utilité, et la reconnaissance même de cette utilité rend indispensable l'étude de l'institution.

II

Nous avons pris les Conseils de Prud'hommes à leur origine. Après les avoir vus sortir de la Révolution de quatre-vingt-neuf comme une des conséquences de l'affranchissement du travail, nous avons analysé leur marche progressive, et nous les avons suivis, pas à pas, sous les gouvernements qui se sont succédé jusqu'en 1848. A cette époque, nous avons constaté les revirements qu'avait fait surgir l'influence révolutionnaire. Sous le gouvernement de Napoléon III, nous avons fait connaître les réformes importantes qui se sont opérées.

Et, tout en parcourant rapidement cette période d'un demi-siècle, nous avons résumé les lois et les décrets qui ont été rendus, signalé leurs résultats, leurs avantages et leurs inconvénients, retracé les phases diverses, les transformations, le développement et le progrès des Conseils de Prud'hommes depuis leur origine jusqu'à nos jours. Dans le dernier chapitre, nous avons jeté un coup d'œil général sur l'ensemble de l'institution, traité de son organisation, de ses attributions, constaté son importance et ses bienfaits. Enfin, comme appendice, nous avons donné le formulaire de tous les actes de la procédure, la fixation des droits de timbre et d'enregistrement, et le texte complet des lois principales.

Tel est, en résumé, le plan de notre ouvrage.

III

Le but principal des Conseils de Prud'hommes, c'est la conciliation. Notre législation, il faut le reconnaître, tend à devenir chaque jour de plus en plus conciliatrice. — Concilier, en effet, n'est-ce pas moraliser, n'est-ce pas civiliser ?

Les justices de paix ne sont-elles pas, depuis longtemps, le préliminaire de conciliation des tribunaux civils ?

Le décret du 2 mai 1855, qui prescrit rigoureusement le billet d'invitation devant les juges de paix, n'a-t-il pas voulu rendre obligatoire l'essai conciliateur ?

La loi du 21 mai 1858, qui introduit la tentative amiable dans les procédures d'ordre, n'est-elle pas aussi un pas important dans la voie conciliatrice ?

Les tribunaux de commerce seuls ne

sont pas encore entrés dans cette voie
tutélaire, mais on y viendra bien certainement, car cette mesure, d'une incon-
testable nécessité, rendrait aujourd'hui
d'immenses services.

IV

Les Conseils de Prud'hommes, depuis
leur origine, ont pris un développement
considérable. Une destination plus large
leur est sans doute réservée : chaque année, le nombre des créations augmente, et
cette paternelle juridiction, par la force des
choses et les tendances générales, est appelée, dans un avenir prochain, à voir consacrer de plus en plus sa marche progressive et sa constante utilité.

E.-J. SAVIGNÉ,

*Secrétaire du Conseil de Prud'hommes de la ville
de Vienne (Isère).*

ÉTUDE

SUR LES

CONSEILS DE PRUD'HOMMES

CHAPITRE PREMIER

Origine, analogies, déductions. — Situation avant 1789.
Maîtrises et Jurandes. Turgot. — Loi du 2 mars 1791,
liberté du travail. — Loi du 22 germinal an II, Chambres
consultatives. — Licences, nécessité, équilibre. — Lyon,
Napoléon, le 1ᵉʳ Conseil de Prud'hommes. — Nouvelles
créations. — Décrets de 1810, législation générale, augmentation de juridiction, délits, police.

Si l'on voulait, raisonnant par déductions
ou par analogies, se livrer à des recherches
historiques, l'on arriverait facilement à
faire remonter l'origine de la juridiction des
Prud'hommes à une époque très-ancienne.

Une délibération du Conseil de la ville de

Paris, prise en 1285, sous le règne de Philippe-le-Bel, pourrait servir de point de départ. Elle porte, en effet : « qu'on élira vingt-quatre Pru-
« d'hommes, qui seront tenus de venir au
« parloir aux bourgeois, au mandement du
« prévôt et des échevins, qui conseilleront les
« bonnes gens, et iront avec le prévôt et les
« échevins chez les mestres, le Roi, ou ailleurs,
« à Paris ou dehors, pour le profit de la ville. »

L'institution des Prud'hommes pêcheurs qui existe à Marseille et dans plusieurs ports de mer, dont l'établissement remonte à 1452 ; — les lettres patentes d'un grand nombre de rois de France, qui confirmèrent cette institution ; — l'édit de Louis XI, donné à Nogent-le-Roi, le 29 avril 1464, qui octroya « pouvoir aux
« conseillers, bourgeois, manants, et habitants
« de la ville de Lyon, de commettre un Pru-
« d'homme suffisant et idoine pour régler les
« contestations qui pourraient arriver entre les
« marchands fréquentant les foires de Lyon, » sont autant de jalons qui se trouvent échelonnés sur la route, et autant d'origines nouvelles qu'on pourrait invoquer.

Un vaste champ serait encore ouvert si l'on voulait faire des comparaisons ou tirer des conséquences.

Les Conseils de Prud'hommes n'ont-ils pas quelque analogie avec les tribunaux consulaires, dont l'établissement est un des titres de gloire de l'illustre chancelier de L'Hôpital?

N'y a-t-il pas certains rapports entre les fonctions de Prud'hommes et celles qu'exerçaient, avant 1789, les gardes ou syndics des communautés d'arts et métiers?

Ne trouve-t-on pas, soit dans la loi de 1790, prescrivant des Prud'hommes *assesseurs* des juges de paix, soit dans un bureau nommé *Tribunal commun*, qui existait à Lyon avant 1791, le germe de l'institution actuelle des Prud'hommes?

Mais, sans se perdre dans la nuit des temps, sans torturer les textes ou créer des hypothèses, l'origine des Conseils de Prud'hommes doit se chercher là où elle existe réellement : pour nous cette institution ne date et ne doit dater que de l'année 1806.

En effet, la délibération prise sous Philippe-

le-Bel n'a pour but que de défendre les intérêts municipaux ; l'institution des Prud'hommes *pêcheurs* n'était relative qu'aux contraventions et différends en matière de pêche ma-
ritime ; l'édit de Louis XI ne s'occupait que des
contestations entre *marchands forains*; enfin,
les tribunaux consulaires, les gardes ou syndics des communautés d'arts et métiers, les
Prud'hommes *assesseurs* et le *Tribunal commun*
de la ville de Lyon sont autant de juridictions
ou spéciales ou particulières.

Il y a loin de ces institutions à celle des
Prud'hommes qui va nous occuper. Ces créations anciennes étaient toutes différentes de
celle d'aujourd'hui soit par leur organisation,
soit par leurs attributions. Elles ne conte-
naient pas même le germe de l'institution mo-
derne, c'est-à-dire la spécialité industrielle et
le principe de conciliation, qui est le but essentiel de la Prud'hommie.

L'origine des Conseils de Prud'hommes se
trouve donc dans la loi du 18 mars 1806.

Avant d'analyser cette loi, qu'il nous soit
permis de jeter un coup d'œil rétrospectif sur

la situation ouvrière et industrielle de cette époque.

Une institution qui engendra bien des maux, qui mit obstacle aux progrès de l'industrie, et qui s'est pourtant perpétuée pendant plusieurs siècles, fut celle des *maîtrises* et des *jurandes*.

Le principe de ces associations était arbitraire, despotique. Il avait pour résultat d'exclure une certaine classe d'individus du droit d'exercer un métier quelconque, de restreindre le nombre des maîtres, de rendre presque impossible l'acquisition de la maîtrise, de refuser cette maîtrise d'une manière absolue à tous ceux qui n'étaient pas fils de maîtres, ou maris de veuves de maîtres, enfin d'exercer un monopole sur certaines marchandises, de borner et entraver l'apprentissage, et d'interdire aux femmes des professions qui pouvaient leur convenir.

On le comprend facilement, un pareil état de choses devait amener de bien déplorables résultats : absence de développements et d'innovations dans l'industrie, oppression établie et patronnée au profit du maître, envie haineuse et jalouse de l'opprimé, manque d'émulation, abandon, découragement chez l'ouvrier, inaction complète en tout et partout.

En 1776, un ministre de Louis XVI, Turgot, osa, le premier, porter la hache dans cette forêt de corporations d'arts et métiers dont l'oppression accablait nos cités, et qui, tout en nuisant au bien-être de l'ouvrier, paralysait les progrès de l'industrie.

Malheureusement ce grand ministre, qu'on admire généralement pour ses talents et ses vertus, mais qu'on blâme quelquefois pour ses mesures administratives, n'eut pas le temps de mener à bien son œuvre. Les grands changements s'accomplissent rarement par le fait seul de la volonté: il faut presque toujours attendre la consécration du temps et de l'expérience, et peu de chose suffit souvent à la destruction et au renversement d'une réforme opérée. C'est ce qui arriva aux mesures de Turgot : moins de six mois après leur suppression, les corporations furent recréées. Les bases étaient peut-être moins abusives, mais les résultats étaient presque les mêmes.

Une révolution seule pouvait anéantir ces
institutions oppressives, enracinées dans
les mœurs par la pratique et la tradi-
tion; une révolution seule pouvait porter
le dernier coup à ces abus de la féodalité
qui pesaient si lourdement sur les classes
laborieuses.—C'est ce qui eut lieu, en effet.—
Quatre-vingt-neuf abolit, à tout jamais, les
priviléges des corporations, la suprématie du
maître sur l'ouvrier, et proclama, de sa voix
émancipatrice, la liberté des professions et du
travail.

La loi du 2 mas 1791 détruisit les *maîtrises*
et les *jurandes*, affranchit le travail de toute
entrave et déclara toutes les professions libres.
Si l'ouvrier eut sa part de bien-être dans cette
mesure, ce fut aussi un grand bienfait pour
le commerce. L'industrie, jusqu'alors enchaî-
née, put profiter de sa liberté d'exercice, se
développer rapidement et prendre hardiment
son essor.

Les événements politiques eurent aussi leur
cours; il ne nous appartient pas de les apprécier. Nous laisserons passer le torrent révo-

lutionnaire et nous arriverons à l'année 1803.

Une loi du 22 germinal an XI (12 avril 1803) permit l'établissement des chambres consultatives pour faire connaître les besoins et les améliorations des manufactures, des fabriques, des arts et métiers ; elle traita de la police des ateliers, des obligations entre les ouvriers et ceux qui les emploient, de la contrefaçon, des marques particulières; enfin, elle soumit à la juridiction du préfet de police, à Paris, des commissaires généraux, dans les villes où il y en avait, et des maires ou adjoints, dans les communes, les affaires de police entre ouvriers et apprentis, manufacturiers, fabricants et artisans.

La discussion de cette loi fit naître des idées nouvelles et concevoir de nombreux projets. Les propositions faites paraissant trop restreintes, on demanda une mesure plus générale, une juridiction plus complète et plus étendue. Après bien des hésitations, bien des incertitudes, et voyant qu'on ne pouvait pas sans difficultés atteindre le but qu'on se proposait, on se contenta de créer des chambres

consultatives et d'instituer une juridiction de
police.

De 1803 à 1806 il n'y a qu'un pas, et
nous arrivons à la création du premier conseil de Prud'hommes en France.

Cette création était devenue indispensable ;
elle était une des conséquences des événements
qui s'étaient passés ; elle découlait nécessairement des principes qui avaient été établis ;
c'était, en un mot, un besoin de la situation
commerciale, une nécessité de la position res-
pective des patrons et des ouvriers.

L'Assemblée Constituante, en consacrant
par la loi de 1791 l'anéantissement des corporations, et en proclamant la liberté du travail, n'avait pas songé à poser des limites.
Une loi doit avoir des règles de sagesse, une
liberté doit avoir des bornes qu'il ne faut pas
dépasser : sans cela, la liberté dégénère en licence, le but de la loi est manqué, et les résultats peuvent devenir funestes.

On reconnut donc la nécessité de régulariser la liberté du travail : la mesure était urgente et la tâche était difficile. Sans retomber

dans les excès anciens, sans rétrograder, et, tout en restant fidèle aux grands principes établis par la Révolution, il fallait trouver une institution paternelle, une juridiction spéciale pouvant maintenir l'équilibre des rapports industriels, sans les entraver; faciliter le développement de l'industrie et contribuer tout à la fois au bien-être des classes laborieuses; concilier, enfin, autant que possible, les intérêts de tous.

Les Conseils de Prud'hommes seuls pouvaient atteindre ce but.

Il ne fut pourtant pas donné à la capitale de prendre l'initiative d'une pareille mesure : c'est Lyon, un des plus grands centres industriels de la France, qui fut le berceau des Conseils de Prud'hommes.

Il existait dans cette ville, avant 1789, un bureau nommé *Tribunal commun*, dont nous avons déjà parlé. Cette institution, toute de famille, et qui n'avait rien d'officiel, rendait la justice sans être un corps judiciaire. Elle était composée de citoyens appartenant à la fabrique lyonnaise, et avait pour mission de concilier les différends qui survenaient entre les fabricants et leurs ouvriers.

En 1806, l'empereur Napoléon Ier, de passage à Lyon, fixa ses regards sur les différentes industries de cette cité, qui se trouvait fière de sa bienveillance et heureuse de lui devoir sa restauration. La Chambre du Commerce lui fit connaître les différents abus qui s'étaient introduits dans les fabriques ; elle chercha à lui démontrer l'insuffisance de la loi du 22 germinal an XI, en lui représentant que cette juridiction, incomplète, mal définie, exercée par des magistrats n'ayant pas les connaissances nécessaires, était loin de suffire aux besoins des diverses classes industrielles. Les fabricants lui rappelèrent alors l'ancienne institution appelée *Tribunal commun*, qui avait disparu dans la tourmente révolutionnaire ; ils lui en demandèrent une à peu près analogue, créée sur des bases plus larges, en rapport avec les principes nouveaux et la situation progressive de l'industrie.

Le génie de Napoléon féconda le germe de cette idée. Il en comprit toute l'étendue, toute l'importance, et ce fut sur son initiative que le Corps législatif décréta la loi du 18 mars 1806.

Cette loi porte l'établissement d'un Conseil de Prud'hommes à Lyon, composé de neuf membres, dont cinq négociants-fabricants et quatre chefs d'ateliers. Elle détermine les conditions d'exigibilité, fixe le mode de composition du Conseil, traite de ses attributions, l'autorise à juger sans appel jusqu'à concurrence de soixante francs, s'occupe de divers règlements et contraventions, et contient, en outre, cette disposition :

« Il pourra être établi, par un règlement
« d'administration publique, délibéré en Con-
« seil d'État, un Conseil de Prud'hommes
« dans les villes de fabrique où le gouverne-
« ment le jugera convenable. Sa composition
« pourra être différente, selon les lieux ; mais
« ses attributions seront les mêmes. »

Voici donc l'origine, la base des Conseils de Prud'hommes. Ce décret, comme on le voit, ne porte création que d'un seul Conseil à Lyon ; seulement il laisse au gouvernement la faculté d'en établir d'autres dans les villes où il le jugera convenable. Cette latitude devait nécessairement porter ses fruits. Aussi, un grand nombre de villes industrielles en France ne tardèrent pas à réclamer la même faveur que la ville de Lyon.

Le gouvernement s'empressa de faire droit à de si justes demandes. Cette même année 1806, un Conseil de Prud'hommes s'établit à Clermont. En 1807, deux autres sont créés : l'un à Rouen, l'autre à Nîmes. En 1808, le nombre s'accroît, et l'on en trouve sept : à Avignon, à Mulhouse, à Troyes, à Thiers, à Sedan, à Carcassonne, à Saint-Quentin. L'année 1809 en constate encore trois : à Limoux, à Reims, à Tarare. Enfin en 1810 il s'en enregistre six dans les villes de Lodève, Lille, Saint-Étienne, Louviers, Roubaix et Marseille.

En l'espace de quatre ans, il s'établissait en France vingt Conseils de Prud'hommes. Cet empressement et cette augmentation considérable en si peu de temps prouvent combien cette institution était alors jugée nécessaire.

Le décret de 1806 était, pour ainsi dire,

une création particulière pour la ville de Lyon.
Les Conseils de Prud'hommes se propageant,
leur nombre augmentant chaque année, on
reconnut la nécessité de poser plus exactement
les bases de l'institution, de tracer des règles
plus générales, auxquelles toutes ces modestes
juridictions seraient soumises.

Un décret portant règlement sur les Conseils de Prud'hommes fut rendu le 11 juin
1809. Ce décret fut rectifié par un autre, et
une nouvelle rédaction, comprenant la première, fut réimprimée et insérée au *Bulletin
des Lois,* avec la date du 20 février 1810.

Ces nouvelles lois eurent pour but de compléter la législation des Prud'hommes et de
la généraliser. Les dispositions particulières
régissant la ville de Lyon étaient déjà re-
gardées comme communes et devant s'appliquer aux autres villes. Les dispositions nouvelles s'allièrent avec les anciennes, et, toutes
ensemble combinées avec les règles du droit
commun, elles devinrent les éléments d'une
jurisprudence constante, qui fut consacrée
par l'usage et la pratique, et qui est restée

en vigueur, sans aucune modification , jusqu'en 1848.

D'après le décret de 1810 , les Conseils de Prud'hommes se composaient de marchands-fabricants, de chefs d'ateliers, de contre-maîtres, de teinturiers, ou d'ouvriers patentés. Le nombre pouvait être plus ou moins considérable, mais les marchands-fabricants devaient toujours avoir un membre de plus.

Il était, en outre, établi un bureau *particulier* et un bureau *général*. Le bureau particulier devait se composer de deux membres , qui avaient pour mission de concilier les parties. Le bureau général ne pouvait délibérer que lorsque les deux tiers au moins des membres du Conseil étaient présents; il devait prendre connaissance des affaires non conciliées, et statuer sans délai par la voie du jugement.

Un autre décret, du 3 août 1810, autorise les Conseils de Prud'hommes à juger toutes contestations entre marchands-fabricants , chefs d'ateliers , contre-maîtres , ouvriers , compagnons et apprentis, quel que soit le chiffre du litige. Leurs jugements doivent être définitifs jusqu'à concurrence de cent francs, au lieu de soixante ; et au-dessus ils peuvent être sujets à l'appel.

Ce même décret soumet à la juridiction des Prud'hommes tout délit tendant à troubler l'ordre et la discipline des ateliers, tout manquement grave des apprentis envers leurs maîtres. Ces délits peuvent être punis d'un emprisonnement n'excédant pas trois jours, et l'expédition du prononcé des Prud'hommes, certifiée par le secrétaire, doit être mise à exécution par le premier agent de police ou de la force publique.

Les divers décrets rendus à cette époque renferment les éléments organiques de l'institution : ils fixent les attributions, les formes et les limites de la juridiction ; ils sont, en un mot, la base des Conseils de Prud'hommes, base qui a pu se modifier, se compliquer ou se simplifier suivant les circonstances, les oscillations politiques et les besoins, mais qui n'en restera pas moins avec son essence créatrice, sa généralité et son principe fondamental.

CHAPITRE DEUXIÈME.

CHAPITRE DEUXIÈME

1815. Situation. — Créations nouvelles. — Louis XVIII et
Charles X. — Insigne des Prud'hommes, médaille d'argent. — Situation en 1830. — Réformes à opérer. — Établissement des Conseils de Prud'hommes de Paris. —
Nouvelles créations, résumé.

De toutes les pages sombres de notre histoire celle de 1815 restera comme le témoignage le plus éclatant de la haine et de la crainte qu'inspira notre nation à ses ennemis. L'heure fatale, il est vrai, venait de sonner.

Le gouvernement impérial, arrivé par des échecs successifs à ses jours les plus néfastes, s'écroulait sous les puissants efforts de la coalition. La France, dans une attitude fière encore, mais compromise, ruinée, vaincue, envahie par l'étranger, devait enfin, malgré ses efforts héroïques, subir le joug qui l'accablait et porter le poids de ses victoires et de ses revers.

Dans ces moments de crise et de grandes catastrophes les masses se rapprochent, les partis se confondent ; la société, redoublant d'activité, n'a plus qu'une seule pensée, qu'un seul but, et c'est alors qu'elle se réfugie par instinct dans ce noble sentiment qui domine tous les autres : le sentiment national.

On le comprend sans peine, dans une pareille situation, au milieu de la confusion des partis et du trouble des événements, l'industrie, incertaine, haletante, n'ose plus avancer ; le commerce se ralentit, les transactions s'interrompent, et les institutions qui touchent aux relations industrielles se ressentent du ralentissement des affaires, et la paralysie devient générale.

Une fois le calme rétabli, l'industrie ne reparaît que lentement, avec une certaine appréhension, une certaine réserve, et ce n'est que lorsque tous symptômes de troubles ont entièrement disparu que l'hésitation cesse et que le commerce reprend son développement et sa marche accoutumés.

Il faut pourtant reconnaître que les Conseils de Prud'hommes se ressentirent peu des secousses politiques. Le but moral et essentiellement conciliant de ces modestes tribunaux leur servit de sauvegarde ; ils furent toujours respectés, et sortirent victorieux de toutes les révolutions.

Dans les années qui avaient précédé les événements de 1815, et dans celles qui suivirent, de nombreuses créations furent faites : de 1811 à 1814 dix Conseils de Prud'hommes s'établissent (1). Les années 1815, 1816 et

(1) A Amplepuis, Orléans, Saint-Chamond, Alais, Alençon, Strasbourg, Bolbec, Vire, Amiens et Bar-le-Duc.

1817 ne constatent aucune création. On dirait que pendant ces trois années l'institution subit l'influence politique et que les villes manufacturières partagent le trouble et l'incertitude de la situation. Mais à partir de 1818 les créations recommencent, et jusqu'en 1829 il s'en enregistre vingt-quatre dans différentes villes (1).

Les gouvernements de Louis XVIII et de Charles X n'apportent aucun changement à l'organisation et à la législation des Conseils de Prud'hommes : l'institution n'acquiert de l'importance, sous ces deux règnes, que par les créations nombreuses qui viennent d'être signalées. Une seule ordonnance royale présente un certain intérêt, c'est celle du 12 novembre 1828, qui « autorise les membres des « Conseils de Prud'hommes à porter, pour in- « signe, dans l'exercice de leurs fonctions, soit

____

(1) A Bédarieux, Niort, Tours, Elbeuf, Mamers, Abbeville, Thann, Turcoing, Caen, Castres, Cambrai, Vienne, Calais, Réthel, Limoges, Nancy, Armentières, Sainte-Marie-aux-Mines, Châlons-sur-Marne, Orange, Laval, Chollet, Metz et Péronne.

« à l'audience, soit au dehors, une médaille
« d'argent suspendue à un ruban noir, en
« sautoir. »

Le caractère que cette médaille confère
aux Prud'hommes a été très-bien défini par
M. Mollot (1) :

« Il ne faut pas croire, dit cet auteur,
« qu'elle leur ait été donnée pour attester l'in-
« fériorité de leur juridiction ; s'il n'eût été
« question que d'apprécier leurs services,
« certes ils auraient bien mérité la toge. Une
« pensée plus grande a touché le législateur :
« il a pensé avec raison qu'au sein d'un tri-
« bunal de famille, entre juges et justiciables,
« que rapproche un principe de convenance
« et d'égalité, il est nécessaire d'écarter un
« costume solennel dont la sévérité peut éloi-
« gner les parties de cet abandon qui amène
« presque toujours la conciliation de leurs
« différends. »

La législation disciplinaire du Consulat et

(1) M. Mollot est l'auteur d'un excellent ouvrage inti-
tulé : *De la compétence des Conseils de Prud'hommes
et de leur organisation.* — Paris, Joubert, éditeur. 1842.

de l'Empire avait posé les premières assises de la société industrielle et tracé les bases des Conseils de Prud'hommes. La Restauration et les gouvernements qui suivirent devaient nécessairement s'appliquer à développer une institution dont l'utilité était généralement reconnue.

Depuis 1806, époque de la création du premier Conseil de Prud'hommes en France, ces modestes juridictions, comme on a pu le voir, avaient fait déjà beaucoup de progrès. Elles étaient si heureusement appropriées aux besoins journaliers des fabriques et des manufactures qu'elles devaient bien certainement se propager et s'étendre encore davantage.

Le Gouvernement de Juillet l'avait d'ailleurs parfaitement compris, et si l'on se reporte aux événements qui se passèrent après la Révolution de 1830, l'on se rendra facilement compte de l'influence que les Conseils de Prud'hommes pouvaient avoir et des services qu'ils étaient appelés à rendre.

Dans un grand nombre de villes l'oppression frappait lourdement le commerce et la classe ouvrière. Certaines localités se trouvaient dans une situation tout à fait exceptionnelle. Lyon surtout avait beaucoup à souffrir : le commissionnaire, ou celui qui était chargé de fournir la matière première, pesait tout d'abord sur le fabricant ; le fabricant, à son tour, opprimait le chef d'atelier, et celui-ci était forcé d'appesantir sur l'ouvrier le joug qu'il subissait lui-même. Le travail faisant souvent défaut, les salaires ayant considérablement diminués, l'ouvrier était malheureux et se trouvait dans une position précaire. De là, par conséquent, un malaise général, un murmure continuel.

Dans beaucoup d'endroits l'intervention des Prud'hommes fut d'une grande utilité. Les Conseils étaient non seulement appelés à statuer sur les différends qui divisaient les parties, mais encore à adoucir les plaintes et à calmer les emportements. La question des tarifs revint plus d'une fois sur le tapis. De nombreuses discussions s'élevèrent à cet égard, mais sans jamais produire aucun résultat. Les plaintes et les menaces furent même, dans certains endroits, suivies de révoltes : ce ne fut souvent que, grâce à l'intervention conciliante des Prud'hommes, à leur modération, que les impatients et les mécontents se calmèrent, que l'équilibre finit par se rétablir.

La législation sur les Conseils de Prud'hommes, telle qu'elle avait été créée par les lois de 1806 et de 1810, subsistait déjà depuis un certain nombre d'années. L'expérience et la pratique avaient démontré qu'elle était susceptible de certaines modifications. Des réclamations s'étaient même élevées à ce sujet de différentes localités; il était, par conséquent, indispensable de faire subir à cette juridiction des réformes partout jugées nécessaires et qui devaient contribuer à sa prospérité.

Ce qu'on reprochait principalement à l'organisation de 1806, c'était l'exclusion presque totale des ouvriers proprement dits, à raison de ce qu'ils n'étaient pas patentés, et la trop grande prépondérance donnée aux patrons, non seulement par leur influence personnelle, mais encore par leur admission en plus grand nombre.

Le gouvernement de Louis-Philippe s'occupa avec sollicitude des réformes à opérer. Les modifications dont les lois relatives aux Conseils de Prud'hommes étaient susceptibles furent mises à l'étude, et le pouvoir prit en grande considération les critiques qui furent faites.

Malheureusement ces tentatives, quoique renouvelées plusieurs fois, n'aboutirent à aucun résultat. Soit difficultés, soit hésitations, soit inertie, les études auxquelles on se livra ne furent pas suivies, les réformes proposées restèrent à l'état de projet, et aucune ordonnance ne vint combler la lacune qui existait et donner satisfaction à des intérêts qui étaient pourtant généralement reconnus.

L'établissement des Conseils de Prud'hommes de la ville de Paris fut aussi une des grandes préoccupations du pouvoir.

Cette ville, si considérable par sa population et son commerce, si importante par son centre, ses nombreuses usines et ses manufactures, est restée, jusqu'en 1844, sans Conseils de Prud'hommes. La majeure partie des villes de France jouissait déjà des bienfaits de cette paternelle juridiction alors que Paris en était encore privé. La capitale, dont l'industrie s'était accrue considérablement par la multiplicité et la diversité infinie de ses branches de fabrication, n'avait pas encore pu lever les obstacles qui retardaient l'établissement d'une pareille institution.

A différentes époques, des tentatives avaient été faites : en 1815 il en était déjà question ; sous la Restauration, en 1819 et en 1828, le Conseil général des manufactures avait été saisi de cette étude importante ; sous Louis-Philippe, la Chambre de commerce, le Conseil municipal de la ville de Paris prirent de nombreuses délibérations et soumirent plusieurs projets.

Les différents organes de l'industrie parisienne ne cessèrent, à diverses reprises, d'élever la voix, de formuler des vœux. La question la plus délicate et la plus difficile était de mettre l'institution en harmonie avec les nombreuses branches dë l'industrie et les conditions si diverses de la fabrique. — Ne créerait-on qu'un Conseil de **Prud'hommes** renfermant toutes les industries ?... C'était pour ainsi dire impossible. — En créerait-on, au contraire, plusieurs et les diviserait-on par quartiers ou par industries ?... Ce dernier système paraissait préférable.

Des pétitions, des mémoires furent présentés, de nombreuses propositions furent faites. La Chambre de commerce, le Conseil municipal donnèrent leur avis, une Commission fut nommée, M. Mollot fut appelé à étudier la question et à faire un rapport.

Malgré ces efforts persévérants, malgré l'impulsion la plus énergique, le gouvernement ne se décida que tardivement à l'établissement d'un Conseil de Prud'hommes à Paris. Ce n'est pas qu'il en méconnût la nécessité; au contraire, il voulait, il désirait l'institution, mais des considérations politiques, bien puériles, selon nous, la lui faisaient retarder.

Les sollicitations devinrent si pressantes, l'utilité fut tellement démontrée qu'on dut enfin céder à des réclamations si légitimes et, surtout, si fréquemment réitérées.

Ce n'est pourtant qu'à titre d'essai qu'eut lieu la première création. Un seul Conseil de Prud'hommes fut établi à Paris, par ordonnance du 29 décembre 1844, et sa juridiction fut limitée à l'industrie des *métaux* et à celles qui s'y rattachent Ce Conseil était composé de quinze membres, dont huit fabricants et sept ouvriers, et, en outre, de deux suppléants.

Mais l'établissement de ce premier Conseil ayant parfaitement réussi et produit d'heureux résultats, on ne tarda pas à compléter l'organisation pour la ville de Paris. Trois nouveaux Conseils furent créés par ordonnance du 9 juin 1847 : l'un pour les *tissus*, l'autre pour les *produits chimiques*, et le troisième pour les *industries diverses*. Enfin, une ordonnance du même jour étendit le ressort du premier Conseil qui avait été établi pour les métaux à tout le ressort du Tribunal de commerce du département de la Seine.

Ces quatre Conseils existent encore aujour-

d'hui ; ils n'ont subi aucune modification, si
ce n'est une nouvelle classification d'industrie,
qui a été faite au mois de juillet 1858. Les
services par eux rendus ne sauraient être assez
appréciés, eu égard surtout à l'importance de
la capitale et aux nombreuses industries qui
s'y exercent.

La période qui s'écoule entre la révolution
de 1830 et celle de 1848 présente, comme on
le voit, peu d'intérêt : rien ne vient changer
le système d'organisation ; rien ne vient modifier les principes de la législation. L'établissement des Conseils de Prud'hommes de
Paris et la création de vingt-un nouveaux Conseils dans différentes villes (1) sont les seuls
faits qui méritent d'être signalés. Il faut pourtant reconnaître que les études auxquelles on
se livra ne furent point perdues, car si aucun
changement, aucune modification apparente
n'en résultèrent, les tentatives qui furent

____

(1) A Condé - sur - Moireau, Bapaume, Douai, Ville-
franche, Aubusson, Valenciennes, Evreux, Privas, Mayenne,
Nantes, Roanne, Le Puy, Cotteau, Bernay, Angoulème,
Flers, Paris (trois Conseils) et Bischweiler.

faites, les judicieux projets qu'on élabora, eurent au moins l'immense avantage de tenir la réforme en permanence et de préparer les solutions futures.

CHAPITRE TROISIÈME.

CHAPITRE TROISIÉME.

La Révolution de 1848. — Loi du 27 mai, principe d'égalité,
mode d'élection, dispositions diverses, résumé. — Modifications spéciales à quelques villes. — Loi sur l'enregistrement en *débet*. - But non atteint, inégalité, oppression, troubles.

Quand une révolution éclate inopinément
au sein d'une grande nation, elle fait soudain
surgir dans les masses des idées nouvelles ;
le vent des passions souffle au hasard, et il
s'opère alors un revirement dans les principes
et dans les institutions.

Le gouvernement de 1848, plus que tout autre, se ressentit de la tendance réformatrice. Le parti populaire, qui n'avait pourtant pas fait la révolution, s'en empara. Il tint, un instant, entre ses mains le timon de l'État, dominant la nation stupéfaite et troublée, et les institutions qui touchaient à la classe ouvrière et à l'organisation du travail durent subir d'importantes modifications.

Les Conseils de Prud'hommes se trouvèrent nécessairement en première ligne. Le Gouvernement de Février, essentiellement libéral, ne pouvait, sans mentir à son principe, retarder des réformes qui avaient déjà fait la grande préoccupation des gouvernements précédents, et dont le but, surtout, était de faire disparaître des inégalités arbitraires ne se trouvant plus en harmonie avec le régime républicain.

Il n'y avait pas encore trois mois que la révolution politique était accomplie, qu'une autre révolution s'opérait dans l'institution des Prud'hommes. Le 18 mai 1848, M. Flocon, alors ministre de l'Agriculture et du Commerce,

présentait un projet de décret ; le même jour,
il était renvoyé au Comité du travail ; le 25,
M. Leblond faisait un rapport, avec déclaration d'urgence ; le 26, il était discuté, et le 27,
le décret était adopté par l'Assemblée Na-
tionale.

L'empressement qu'on mit, à cette époque,
à la nouvelle organisation des tribunaux de
Prud'hommes, fut considéré comme un moyen
de faciliter la reprise du travail et d'aider au
rapprochement des ouvriers et des patrons.

On songea aussi à étendre l'institution sur
l'agriculture ; mais cette étude paraissant lon-
gue, difficile, et la nouvelle organisation étant
réclamée avec instance, on dut laisser de côté
les intérêts agricoles pour ne s'occuper que des
intérêts industriels.

Ce qui attira plus particulièrement l'attention des réformateurs de 1848, ce fut la composition même des Conseils de Prud'hommes.
D'après l'ancienne législation, les maîtres
seuls avaient, pour ainsi dire, accès dans ces
Conseils, puisque les candidats devaient être
patentés. - Les ouvriers, disait-on, n'avaient

pas même le droit d'élire les chefs d'industrie qui les jugeaient. Les Prud'hommes devant offrir à tous la garantie la plus complète d'indépendance et d'impartialité, un pareil état de choses ne devait plus subsister et n'était, d'ailleurs, plus en rapport avec les principes de fraternité et d'égalité du gouvernement d'alors. On s'appliqua donc à faire représenter les ouvriers non patentés qui avaient toujours été exclus des Conseils.

La nouvelle loi commença par poser en principe : que le nombre des Prud'hommes ouvriers serait toujours égal à celui des Prud'hommes patrons. D'après les lois de 1806 et de 1810 les Conseils devaient être composés d'un nombre impair. De cette façon, l'élément patron dominait toujours sur l'élément ouvrier. On voulut, par conséquent, faire disparaître cette inégalité.

On avait d'abord fixé une base invariable pour le nombre de membres des Conseils, mais on pensa que cette fixation pourrait être insuffisante ou exagérée, en raison de l'importance des localités et du nombre de fabriques. On se contenta alors, tout en laissant à l'administration la faculté de déterminer le nombre, de fixer un mininum de six membres et un maximum de vingt-six.

Le mode d'élection fut aussi l'objet de sérieuses discussions. Il s'agissait de concilier, dans l'intérêt commun, deux intérêts antagonistes : l'intérêt patron et l'intérêt ouvrier. On ne trouva rien de mieux qu'un système d'élection double : la première de ces élections avait pour but de choisir dans chaque catégorie (patrons et ouvriers) un nombre de candidats triple de celui des membres à nommer. Les patrons, d'une part, présentaient un nombre triple de candidats, et les ouvriers, de l'autre, en faisaient autant. Une fois les listes ainsi arrêtées, une seconde élection définitive avait lieu; les Prud'hommes ouvriers élisaient les Prud'hommes patrons, et les Prud'hommes patrons élisaient les Prud'hommes ouvriers.

Ce système présentait, en effet, un caractère de sympathie et d'autorité devant inspirer la plus grande confiance, car de ce choix d'ouvriers par patrons, de patrons par ou-

vriers, devait nécessairement résulter la plus
cordiale entente et la plus sage fraternité.

A ce système on en avait opposé un autre :
c'était celui de l'élection directe de chaque
côté , c'est-à-dire des patrons par les patrons
et des ouvriers par les ouvriers. On avait
prétendu que la complication de l'élection
double devait présenter des difficultés et apporter des lenteurs ; que le temps de l'ouvrier
était précieux et qu'il fallait le ménager. Ces
objections ne prévalurent pas , et le mode
d'élection double fut adopté.

On espérait tirer d'excellents résultats de
cette combinaison. « En effet, se disait-on,
« il y aura pour les magistrats et les juges
« une dignité, une autorité immense. Le juge
« ouvrier, comme le juge patron, arrivés par
« la voie du concours, par les suffrages de tous
« à la position de Prud'hommes, ne se consi-
« déreront pas, les uns comme les repré-
« sentants des ouvriers , les autres comme
« les représentants des patrons ; ils se consi-
« déreront comme les représentants de tous :
« ils sentiront au fond du cœur et de la cons-

« cience qu'ils ont des devoirs de justice et
« d'équité à remplir, non seulement pour les
« ouvriers, mais pour les patrons, non seule-
« ment pour les patrons, mais pour les ou-
« vriers, et ils s'appuieront ainsi, pour ren-
« dre la justice, une justice impartiale, sur
« le principe de l'institution. Ils puiseront
« dans leur origine la nécessité d'être indé-
« pendants et justes. »

De pareilles pensées, de si conciliantes in-
tentions n'ont pas besoin de commentaires :
un résultat pareil devait être on ne peut
plus désirable.

La nouvelle loi déclara électeurs tous les
patrons, chefs d'ateliers, contre-maîtres, ouvriers, compagnons, âgés de vingt-un ans et
résidant depuis six mois, au moins, dans la
circonscription du Conseil de Prud'hommes.
Elle déclara aussi éligibles tous les patrons,
chefs d'ateliers, contre-maîtres, ouvriers, compagnons, âgés de vingt-cinq ans, sachant lire
et écrire, et domiciliés depuis un an, au
moins, dans la circonscription du Conseil.

Elle considéra, en outre, comme patrons

les contre-maîtres, les chefs d'ateliers et tous ceux qui payaient patente depuis plus d'un an, et occupaient un ou plusieurs ouvriers.

La durée de la présidence fut fixée à trois mois ; elle fut déférée alternativement, par voie d'élection, à un patron et à un ouvrier titulaire ; l'élection devait être faite séparément de chaque côté. La présidence donnait voix prépondérante. Les audiences de conciliation devaient être tenues par deux membres : l'un patron, l'autre ouvrier. Le bureau général devait être composé de quatre Prud'hommes patrons et de quatre Prud'hommes ouvriers.

Tel est l'ensemble de la loi de 1848. Les principes fondamentaux, comme on le voit, sont largement tracés ; le droit électoral et le droit d'exigibilité sont conférés, sans presque aucune condition, à tous les ouvriers ; les contre-maîtres et les chefs d'ateliers sont considérés comme patrons, et la présidence du Conseil s'attribue alternativement, pour un temps très-court, à un patron et à un ouvrier.

Lors de la discussion de cette loi, un représentant proposa un amendement relatif à des dispositions exceptionnelles pour quelques villes industrielles, telles que Lyon, Nîmes, Saint-Étienne. Il n'y fut pas fait droit immédiatement, mais, quelques mois après, et, à la date du 6 juin 1848, cet amendement fit l'objet d'un nouveau décret.

La proposition de ce décret fut ainsi formulée : — Dans quelques villes de France, à Lyon, par exemple, il y a une situation industrielle toute particulière : trois intérêts distincts, trois éléments en quelque sorte opposés peuvent se trouver en présence. Dans ces localités, la distinction entre patrons, chefs d'ateliers et ouvriers se trouve bien tranchée : le patron, ou le fabricant, ne s'adresse pas à l'ouvrier ; il s'adresse au chef d'atelier, lui donne les matières premières, et le chef d'atelier fait travailler cès matières par les ouvriers proprement dits. — Il résultait de ces explications qu'il y avait des rapports entre les fabricants et les chefs d'ateliers, entre les chefs d'ateliers et les ouvriers, et non pas entre les fabricants et les ouvriers. Les fabricants et les chefs d'ateliers avaient, par conséquent , un intérêt distinct et séparé.

La loi du 27 mai laissait donc à désirer à ce point de vue. Il s'agissait, dès lors, de faire droit à de légitimes réclamations et de donner satisfaction à tous les intérêts en les faisant légalement représenter. Le mode en fut puisé dans le principe même du premier décret. On avait supposé alors deux intérêts distincts: patrons et ouvriers ; de là, deux assemblées générales. On en trouvait maintenant trois : il fallait, par conséquent, trois assemblées générales séparées : assemblée de fabricants, assemblée de chefs d'ateliers , assemblée d'ouvriers.

Une autre question se présentait encore: c'était celle de savoir si ces dispositions auraient un caractère général, ou si elles s'appliqueraient seulement à quelques villes placées dans des conditions exceptionnelles. L'assemblée décida que le décret serait restreint aux localités où un arrêté ministériel aurait reconnu et déclaré que les conditions générales de la fabrication mettaient en présence trois intérêts distincts. Il fut, en outre, décidé que

les Conseils de Prud'hommes de ces villes seraient divisés en deux chambres, composées,
l'une de Prud'hommes ouvriers et de Pru-
d'hommes chefs d'ateliers, et l'autre de Pru-
d'hommes chefs d'ateliers et de Prud'hommes
marchands-fabricants ; qu'il y aurait trois assemblées électorales ; que les chefs d'ateliers
avaient le droit de choisir les Prud'hommes
ouvriers et marchands-fabricants, et que les
Prud'hommes chefs d'ateliers seraient choisis,
moitié par les ouvriers, moitié par les marchands-fabricants.

On voulut aussi donner des facilités à
l'ouvrier pour se faire rendre justice en le dis-
pensant d'avances d'argent pour timbre et
enregistrement : une loi du 7 août 1850 au
torisa le visa pour timbre et l'enregistrement
en *débet* de toutes les pièces de procédure concernant la juridiction des Conseils de Prud'-
hommes. Cette loi consacra une mesure émi-
nemment utile.

Les décrets de 1848, on le comprendra facilement, vinrent opérer un bouleversement
complet dans les tribunaux de Prud'hommes.

Ils nécessitèrent une entière réorganisation dans la majeure partie des Conseils de France, et le bulletin des lois de cette époque constate de nombreuses transformations dans chacune des créations anciennes et nouvelles.

Mais hâtons-nous de le dire : le but qu'on s'était proposé ne fut pas atteint. La loi du 27 mai 1848, votée sous la pression des exigences révolutionnaires, portait en elle l'empreinte de l'exagération. Elle dépassa les limites qu'elle s'était tracées, et, au lieu de créer l'égalité entre patrons et ouvriers, elle établit une inégalité bien plus grave et bien plus choquante.

Sous le prétexte de mettre l'institution en harmonie avec les principes de fraternité qui existaient alors, et de faire disparaître tout antagonisme dans le sein des Conseils, cette loi ne fit que consacrer l'oppression du patron par l'ouvrier, oppression profondément déplorable au double point de vue de l'intelligence et de la bonne justice, car elle ne présentait pas, dans certaines localités, les garanties qu'offrent l'éducation et l'expérience des affaires.

Ce qui créa cette inégalité, ce qui consacra cette oppression, c'est le vote des contre-maîtres, des chefs d'ateliers et des ouvriers patentés, dans l'assemblée des patrons. Ces industriels ne sont, pour la majeure partie, que des ouvriers proprement dits. Les patrons se trouvaient, par conséquent, toujours en minorité dans les conseils, parce que le choix des candidats par les ouvriers se portait toujours de préférence sur les chefs d'ateliers.

Cette classification erronée amena de bien déplorables résultats : l'irritation, la jalousie, la susceptibilité, les questions d'amour-propre s'en mêlèrent, et les conseils de Prud'hommes, au lieu d'être une juridiction de conciliation et de bon ordre, devinrent un sujet de troubles et de dissensions.

On vit même le nombre des affaires augmenter d'une manière considérable. La conciliation des parties ne s'opérait plus que difficilement. Les patrons cherchaient tous les moyens possibles pour se soustraire à une juridiction qui leur paraissait suspecte. Ils ap-

pelaient souvent des jugements devant les tribunaux de commerce. Il en résultait une augmentation de frais, même pour la partie qui
gagnait son procès, la perte d'un temps on ne
peut plus précieux pour celui qui vit de son
travail; et, en définitive, le privilége qu'on
avait voulu accorder à la classe ouvrière
finissait par devenir funeste à ses propres
intérêts.

Les passions politiques vinrent encore aggraver le mal. La démagogie pénétra dans le
sein des Conseils : au lieu d'inaugurer le règne
de la fraternité et de faciliter le rapprochement
des ouvriers et des patrons, l'antagonisme ne
devint que plus profond. L'autorité dut même
intervenir dans certaines circonstances et
recourir quelquefois à la mesure extrême
de la dissolution. C'est ce qui arriva à Douai
et à Marseille.

Telles furent les conséquences des lois révolutionnaires de 1848 ; telle fut leur influence sur les Conseils de Prud'hommes.

CHAPITRE QUATRIÈME.

CHAPITRE QUATRIÈME.

La situation faite à l'organisation des Prud'hommes par la législation de 1848 ne pouvait pas se prolonger longtemps. Cet antagonisme continuel, cette mobilité dans la présidence, ces rivalités et cette jalousie parmi les membres, amenaient journellement des troubles et des désordres dans le sein des Conseils. Il devenait urgent de faire disparaître toutes ces dissensions dans l'intérêt de la justice et d'une bonne administration.

Cet état de choses subsista pourtant près de cinq ans. Ce n'est pas que des plaintes, des demandes de réformes ne se formulassent de toutes parts. Les villes industrielles, les Chambres de Commerce, les Conseils de Prud'hommes eux-mêmes ne cessaient de demander d'importantes modifications.

A Lyon et à Saint-Étienne, plus que partout ailleurs, la situation des Conseils de Prud'hommes menaçait de s'aggraver. Les fâcheux effets d'une organisation vicieuse se faisant plus généralement sentir dans les grands centres, tous les intérêts se trouvaient froissés ; aussi ces deux villes insistèrent plus énergiquement que les autres, et elles purent obtenir, à la date du 2 mars 1852, un décret qui replaçait provisoirement leurs Conseils sous le régime antérieur aux lois de 1848, tel qu'il résultait des décrets de 1806 et de 1810.

Cette mesure, qui était un premier pas vers la réforme, faisait pressentir qu'on ne tarderait pas à rétablir l'équilibre qui avait été rompu par la législation révolutionnaire. Le gouvernement de Napoléon III en avait, d'ailleurs, compris l'urgente nécessité. Aussi ne le vit-on pas tarder à se mettre à l'œuvre.

Ils s'agisait, tout en évitant l'exagération des partis contraires, d'établir le véritable principe d'égalité et de réorganiser l'institution sur des bases tirées des législations anciennes et nouvelles en rapport avec les progrès croissants de l'intelligence et du commerce.

C'est un problême qui paraît avoir été admirablement résolu par la loi 1er juin 1853.

Cette loi a maintenu la majeure partie des dispositions de la législation antérieure qui lui ont paru justes et équitables. Tout en l'analysant, nos observations porteront principalement sur les innovations et les réformes les plus importantes, surtout sur celles qui étaient instamment réclamées depuis la nouvelle organisation de 1848.

Les Conseils de Prud'hommes doivent toujours être établis par décrets rendus après l'avis des Chambres de Commerce et des Chambres Consultatives d'arts et manufactures. Les décrets déterminent le nombre des membres; ce nombre doit être au moins de six, non compris le Président et le Vice-Président.

La loi n'a pas voulu fixer de maximum. Elle a laissé le libre arbitre à l'administration, qui était mieux à même que personne de connaître les besoins de la localité.

La nomination des Président et Vice-Président, qui se faisait autrefois par le Conseil lui-même, a été conférée à l'Empereur, et le choix peut en être fait même en dehors du Conseil. Le Gouvernement a voulu, dans le Président, choisir comme un modérateur, chargé de tenir toujours la balance entre deux éléments antagonistes, et pouvant, au besoin, départager, par son intervention, les opinions opposées.

De graves discussions s'élevèrent à cet égard. On proposa d'abord de chosir toujours le Président dans le sein du Conseil. Étant arrivé par le suffrage des électeurs, et ensuite revêtu de l'investiture impériale, ce Président, disait-on, ne trouverait-il pas dans son élévation l'influence, le crédit moral, l'autorité qu'il doit exercer ? — Cette opinion ne prévalut pas.

Si, au contraire, disait-on encore, le Président était pris en dehors des éligibles, le choix ne tomberait-il pas sur un candidat étranger aux matières industrielles et spéciales, se trouvant dans l'impossibilité de porter un jugement éclairé sur les contestations soumises à un Conseil de Prud'hommes ? — On répondit à cette objection que les magistrats des autres tribunaux se trouvaient souvent dans la nécessité de recourir aux hommes spéciaux pour l'examen des questions techniques, et que les Présidents des Conseils de Prud'hommes pourraient faire, le cas échéant, ce que font, dans ces circonstances, les magistrats des autres siéges.

La loi de 1853 a donc laissé au chef de l'État la liberté la plus complète. On a pensé que l'essentiel était de le mettre à même d'assurer, dans tous les cas, par le choix du Président du Conseil, l'impartialité d'un tribunal formé de deux éléments rivaux ; qu'on devait bien plus se préoccuper de ce côté de la question que de ce qui était relatif à la specialité de ce tribunal.

La durée de la présidence a été fixée à trois années. Cette mobilité perpétuelle qui résultait de la législation antérieure détruisait l'unité et l'esprit de suite qu'il est important de fixer dans le sein des Conseils. Le Président cédant la place à un autre au moment où il commençait à se familiariser avec les difficultés de sa position, l'apprentissage d'un Président inexpérimenté se faisait souvent aux dépens de la justice et de la bonne administration.

La nomination des Secrétaires a été attribuée aux Préfets, sur la proposition des Présidents des Conseils.

Un membre de l'Assemblée avait proposé d'assimiler les Secrétaires de Prud'hommes aux Greffiers des tribunaux de commerce. Le Secrétaire, disait-on, est le seul élément stable du Conseil ; il est comme le dépôt vivant des traditions de ce Conseil ; il éclaire de ses avis les justiciables ; il prévient souvent des contestations. De telles fonctions doivent être confiées à des hommes probes, intelligents, animés d'un bon esprit, et il est nécessaire, pour qu'ils remplissent les conditions voulues, de leur assurer une position moins précaire que celle que leur faisait la législation antérieure.

Tout en reconnaissant qu'il ne convenait pas de laisser les Secrétaires dans la situation où ils se trouvaient, cette proposition ne fut pas adoptée, parce qu'elle avait pour but de créer la propriété de nouvelles charges et de rendre en quelque sorte les Secrétaires inamovibles.

L'âge électoral a été élevé de vingt-un à vingt-cinq ans. L'âge d'exigibilité, qui était fixé à vingt-cinq ans, a été porté à trente. Les électeurs patrons doivent être patentés depuis cinq ans au moins, et résider depuis trois ans dans la circonscription du Conseil. Les chefs d'ateliers, contre-maîtres et ouvriers, doivent exercer leur industrie depuis cinq ans au moins, et être domiciliés depuis trois ans dans la circonscription du Conseil. Les éligibles doivent savoir lire et écrire.

Ces conditions fort sages présentent toutes les garanties qu'on pouvait exiger. Tout en rétrécissant le cercle beaucoup trop large du décret de 1848, elles ne le restreignent pourtant pas trop, puisqu'elles n'excluent que l'ouvrier nomade.

La loi de 1853 a maintenu le principe d'égalité entre patrons et ouvriers, proclamé par le décret de 1848, avec cette différence, pourtant, que les contre-maîtres et les chefs d'ateliers sont rangés dans la classe des ouvriers à laquelle ils appartiennent réellement et d'où l'on n'aurait jamais dû les faire sortir.

Le système d'élection double a été supprimé. L'épreuve de l'expérience avait démontré tout ce qu'il y avait de défectueux dans ce mode de procéder. A première vue, il présentait pourtant des avantages tout à fait séduisants, mais il paraît que la fusion qu'on espérait en faire sortir était plus apparente que réelle.

Les ouvriers nomment donc directement les Prud'hommes ouvriers et les patrons doivent aussi nommer directement les Prud'hommes patrons.

Ainsi disparaît le mécanisme ingénieux , mais beaucoup trop compliqué, inventé par la loi de 1848.

Les Conseils de Prud'hommes doivent être renouvelés par moitié seulement tous les trois ans. Cette disposition a pour but de rendre moins fréquentes les mutations , d'apporter plus de stabilité dans le sein des Conseils, de faire disparaître au dehors le mouvement et les occasions de surexcitations.

D'après la loi de 1806, le Bureau *général*, c'est-à-dire des jugements, devait être composé de deux tiers des titulaires. D'après celle de 1848, le nombre des membres avait été fixé à huit, dont quatre Prud'hommes patrons et quatre Prud'hommes ouvriers. La loi de 1853 a réduit ce nombre à quatre, dont deux patrons et deux ouvriers, indépendamment du Président et du Vice-Président. Aucun changement n'a été apporté au Bureau *particulier*.

c'est-à-dire de conciliation ; il doit toujours être composé de deux membres : un patron et un ouvrier.

La compétence des Conseils de Prud'hommes devait aussi subir des modifications ; c'était une des conséquences de la marche progressive de l'organisation judiciaire. Les autres juridictions ayant élevé leur compétence, celle des Conseils de Prud'hommes devait suivre la loi commune et ne pas toujours rester enfermée dans un cercle trop restreint.

Les jugements ont été déclarés définitifs et en dernier ressort lorsque le chiffre de la demande n'excède pas deux cents francs; au-dessus de cette somme ils sont sujets à l'appel devant le Tribunal de Commerce. — L'exécution immédiate, à titre de provision, peut être ordonnée jusqu'à concurrence de deux cents francs, et sans qu'il soit besoin de fournir caution.

Un changement a encore été apporté dans la procédure : les jugements des Conseils de Prud'hommes devaient, autrefois, être signés

par tous les membres délibérants; aujour-
d'hui, ils ne doivent plus être signés que par
le Président et le Secrétaire-greffier , comme
ceux des autres tribunaux.

L'article 156 du Code de Procédure civile
a été aussi déclaré applicable aux jugements
de Prud'hommes. La péremption de six mois
atteint ces jugements lorsqu'ils n'ont pas été
exécutés dans ce délai.

Enfin, toutes les dispositions des lois, décrets et ordonnances qui ne sont pas contraires
à la loi de 1853 ont été maintenues.

Cette loi paraît remplir le plus heureusement possible la mission qu'elle s'était im-
posée. Elle est conçue dans un esprit de transaction et d'impartialité qui fait ressortir ,
d'une manière évidente, le but essentiel et le
principe même de l'institution : but conciliant
qu'on devait chercher à atteindre , et principe
d'égalité qui avait été proclamé par les lois
antérieures, et qui devait être maintenu et
consacré par la loi de 1853.

Deux autres décrets viennent ensuite

compléter le régime disciplinaire des Conseils de Prud'hommes : — l'un, du 16 novembre 1854, portant que tout membre d'un Conseil qui, sans motifs légitimes, refusera de faire le service auquel il sera appelé, pourra, après procès-verbal du Président constatant sa mise en demeure, être considéré comme démissionnaire; — et l'autre, du 8 septembre 1860, qui décide que tout membre qui aura manqué gravement à ses devoirs dans l'exercice de ses fonctions pourra, sur la plainte du Président du Conseil ou du Préfet, être frappé d'une des peines suivantes : la censure, la suspension pour un temps qui ne pourra excéder six mois, la destitution. La censure et la suspension seront prononcées par arrêté ministériel, et la destitution par décret impérial.

La période qui s'écoule depuis la Révolution de Février présente, comme on le voit, diverses phases qu'il était utile de suivre et d'analyser. Ces transformations établissent, d'une manière définitive, les bases de l'organisation des Prud'hommes, et l'importance de cette juridiction s'accroît encore jusqu'à nos jours par la création de dix-neuf nouveaux Conseils (1).

Nous pensons avoir suffisamment fait connaître les éléments de ces modestes tribunaux pour pouvoir, dans le chapitre suivant, jeter un coup d'œil général sur l'ensemble de l'institution.

(1) A Yvetot, Cette, Thisy. Toulouse. Vimontières. Grenoble. Romorantin. Brienne. Anduze. Le Havre, Lunéville. Charlieu. Laferté-Macé. Bordeaux, Boulogne-sur Mer. Épinal, Mazamet, Annonay, Lisieux.

CHAPITRE CINQUIÈME.

CHAPITRE CINQUIÈME.

I.

Une grande révolution avait aboli les corporations oppressives et proclamé la liberté du travail. A la tyrannie la plus absolue avait succédé la liberté la plus abusive. Cette liberté trop étendue amena une trop grande licence, et cette licence engendra des abus qu'il devint nécessaire de réprimer. De là, nécessité de régulariser le travail ; de là, création des Conseils de Prud'hommes.

Le gouvernement de Napoléon 1er fonda l'institution ; les gouvernements qui le suivirent : la Restauration, Charles X et Louis-Philippe, s'appliquèrent à la développer. Des réformes étaient jugées nécessaires ; mais on ne les réalisa pas. La révolution de 1848 survint, et ce que les gouvernements précédents n'avaient pas osé faire, la révolution le fit.

Malheureusement on dépassa les bornes : à un excès ancien succéda un excès nouveau, excès pire que le premier, et déplorable sous bien des rapports ; à l'oppression de l'ouvrier par le patron succéda l'oppression du patron par l'ouvrier.

Il fallut un gouvernement plus stable, plus modéré, en proie à moins de passions, pour rétablir le véritable équilibre. Le gou-

vernement de Napoléon III , étudiant avec
soin , appréciant avec justice les éléments
des lois anciennes et nouvelles , arriva à
résoudre le problème si difficile de l'égalité
entre patrons et ouvriers. Aussi , la loi de
1853 devra-t-elle rester comme la base la
plus rationnelle et la plus équitable de l'institution.

Après avoir vu ce qu'étaient les Conseils
de Prud'hommes, une tâche nous reste encore
à remplir : c'est de voir ce qu'ils sont et ce
qu'ils doivent être. Nous allons le faire avec
toute la brièveté et l'exactitude possibles.

II.

Les Prud'hommes ne relèvent pas du
ministère de la justice; ils sont placés sous la
dépendance du ministère de l'agriculture et
du commerce. Le système purement électif
de leur organisation les range pour ainsi
dire dans l'ordre administratif et non point
dans l'ordre judiciaire.

Les Prud'hommes remplissent pourtant les fonctions de juges; ils sont assujettis, comme les juges ordinaires, aux conséquences légales de cette qualité : ils peuvent être pris à partie, être récusés, encourir même, suivant les cas, des peines criminelles, et, s'ils sont victimes de diffamation, la loi du 26 mai 1819, qui soumet ce délit à la cour d'assises, les protége de ses dispositions.

M. Dalloz, qu'on peut citer comme une autorité, est d'avis, dans son dictionnaire de jurisprudence, qu'il ne faut pas refuser aux Prud'hommes les immunités et les protections auxquelles ont droit les magistrats des autres siéges. Ils sont, dit-il, soumis à toutes les obligations qui pèsent sur les juges. Cette juridiction, d'ailleurs, quoique exceptionnelle, ne rend pas moins la justice. La mission des Prud'hommes est assez sérieuse et assez pénible pour que personne ne vienne mettre en doute leur importance.

Ce qui vient à l'appui de cette opinion, et ce qui n'existait pas avant la loi de 1853, c'est l'intervention du gouvernement dans la nomination du président et du secrétaire. Les Prud'hommes, recevant alors l'investiture impériale, n'ont-ils pas le caractère légal de la magistrature ?

D'un autre côté, les deux récents décrets qui viennent de soumettre les membres des Conseils de Prud'hommes à diverses peines disciplinaires n'ont-ils pas pour conséquence de ranger ces fonctionnaires dans la hiérarchie judiciaire ?

Ce qu'on peut encore mentionner comme signe caractéristique de la distinction qui appartient aux Prud'hommes, c'est que, dans toutes les villes où des Conseils sont établis, l'Autorité supérieure se fait un devoir d'en convoquer les membres aux cérémonies publiques et à toutes les réunions solennelles.

III.

Le but principal, essentiel de la Prud'hommie, c'est la conciliation. Tous les efforts des membres des Conseils doivent donc tendre à atteindre ce but. Pour cela ils devront apporter dans l'exercice de leur ministère tout le calme, toute la modération dont ils seront capables; ils devront aider les parties à s'expliquer, leur faciliter la discussion; ils chercheront à bien comprendre l'objet de la difficulté; ils s'appliqueront à en deviner le véritable motif, et ils auront à apprécier si le différend n'est pas le résultat de la jalousie, de la méchanceté ou de la vengeance, passions funestes qui sèment souvent dans les ateliers des dissensions et des désordres; ils auront des égards pour la partie timide, embarrassée, qui se ferait comprendre difficilement, et ils se tiendront en garde contre les prétentions d'un chicaneur de sang-froid, opiniâtre et entêté. Les Prud'hommes devront se dépouiller de toute rudesse d'expression, de toute vivacité de paroles; et, tout en faisant comprendre aux parties leurs droits et leurs torts respectifs, ils devront agir avec prudence, ménagement, et chercher surtout, à l'aide de la persuasion, avec de douces paroles, des remontrances, des exemples judicieusement comparés, à faire rentrer dans la voie de la justice et de la raison celui qui tendrait à s'en écarter.

Le rôle des Prud'hommes, comme on le voit, a, outre la question d'intérêt, une haute portée morale : c'est un rôle généreux, tout d'abnégation et de dévouement. Leur mission vis-à-vis des parties n'en est pas moins importante : c'est une véritable mission paternelle, pleine de délicatesse et de bienveillance.

Pour résumer, d'ailleurs, d'une manière bien complète, le but de l'institution, l'on ne peut mieux faire que de citer un écrit de M. Anner André, président du Conseil de Troyes, reproduit par M. Mollot dans son ouvrage sur les Conseils de Prud'hommes :

« Dans toutes les affaires qui lui seront
« soumises, dit M. Anner André, le Conseil
« s'efforcera de découvrir la vérité, de re-
« connaître de quel côté viennent les torts.
« Tantôt, par des observations adressées aux
« maîtres avec ménagement, il parviendra
« à tempérer la rigueur de leurs exigences.
« D'autres fois, par des remontrances faites

« avec l'autorité de la modération et de l'im-
« partialité, il fera comprendre aux ouvriers
« l'injustice de leurs prétentions. Les uns et
« les autres seront tour à tour rappelés à
« l'accomplissement d'un devoir négligé. Aux
« maîtres, il recommandera l'éloignement
« pour tout ce qui peut humilier, l'oubli
« d'une erreur, le pardon d'une première
« faute, la douceur dans le commandement,
« la modération dans les plaintes et dans les
« reproches, les égards pour des conditions
« pénibles, le respect même pour l'homme
« dont la vie est consacrée au travail. Aux
« ouvriers, il recommandera la déférence
« pour le chef qui procure par son intelli-
« gence et par sa fortune des moyens
« d'existence à ces familles nombreuses qui
« peuplent ses ateliers, et à l'égard desquelles
« il est comme une providence toujours
« prête à les aider et à les secourir. Il re-
« commandera dans le travail la régularité,
« l'ordre, le soin, l'activité, le zèle conscien-
« cieux, le loyal emploi du temps. C'est par
« ces avis salutaires, par ces conseils pater-

« nels que les parties qui se présentent,
« réciproquement irritées, devant les Pru-
« d'hommes, s'en retournent le plus sou-
« vent satisfaites et conciliées, c'est-à-dire
« disposées à renouer des relations qui
« n'avaient été que momentanément inter-
« rompues. »

Voilà la véritable mission d'un tribunal de
conciliation ; voilà ce que les Prud'hommes
devront chercher à atteindre ; voilà leur vrai
titre de gloire. Toutes les fois qu'ils arriveront à ce résultat leur conscience sera
soulagée, leur cœur pourra s'enorgueillir,
et ils éprouveront la satisfaction du devoir
accompli.

IV.

Les Conseils de Prud'hommes doivent se
composer de deux bureaux : l'un appelé
Bureau Particulier, ou de conciliation, et
l'autre *Bureau Général*, ou des jugements.

Les parties sont appelées à l'audience
du Bureau Particulier par une simple lettre

du Secrétaire, et doivent se présenter en *personne*. Elles exposent, l'une après l'autre, l'objet de leur difficulté et leurs prétentions respectives. Le Conseil les aide dans leurs explications, les interroge réciproquement et cherche à se rendre compte de quel côté viennent les torts. Une fois ce préliminaire rempli, le Conseil fait diverses propositions tendant à accorder les parties et à les rapprocher. Ces propositions sont alors débattues, discutées, et les justiciables les acceptent ou les refusent.

Si, malgré tous les efforts du Conseil, les parties ne peuvent pas s'entendre, elles doivent purement et simplement être renvoyées devant le Bureau Général. Le Conseil, selon nous, doit rarement prendre de décisions définitives en Bureau Particulier.

Imposer une décision à des parties, n'est pas les concilier. La conciliation ne peut s'opérer que par le consentement mutuel. D'un autre côté, par cette décision on sort au justiciable qui se croit lésé, et qui peut avoir d'autres moyens à faire valoir, la

faculté de se pourvoir devant le Bureau
Général.

De cette façon on enlève à la partie son
droit d'agir, on la prive de sa liberté de
défense, on ne remplit pas le vœu de la loi, et
si cette partie est tant soit peu conséquente,
elle supposera fort bien que le Conseil ne re-
viendra pas sur une décision prise, et ne se
mettra pas en contradiction avec lui-même.

Loin de nous la pensée d'apporter des lenteurs ou d'entraver la conciliation : nous re-
connaissons, au contraire, que tous les moyens
doivent être employés pour arriver à concilier.
Nous allons même plus loin, et nous sommes
d'avis que, dans certains cas et même en
Bureau Particulier, le Conseil peut user de
toute son influence, de toute son autorité
pour arriver à ce résultat. Mais il faut pourtant se garder de faire une généralité de
ce qui ne doit être qu'une exception, et il
sera prudent, alors, de faire des distinctions
en prenant en considération soit la nature
du litige et le caractère des parties, soit
l'importance de l'affaire.

Il y a, dans la distinction que nous venons d'établir, une nuance délicate qu'il sera quelquefois difficile de saisir. Les Prud'hommes y arriveront pourtant facilement en faisant un examen profond et attentif de la difficulté qui leur sera soumise, et en se rendant un compte exact de leur mission d'impartialité et de modération. L'équité et la justice devront toujours être leur balance. Si, d'un côté, se diront-ils, et comme conciliateurs, nous devons transiger et concéder, de l'autre, en présence surtout d'un droit certain, nous devons être inflexibles et rigoureux.

V.

Le Bureau Général a pour mission de terminer, par la voie du jugement, les affaires qui n'ont pu être conciliées.

Les parties sont amenées devant ce Bureau par une citation de l'huissier attaché au Conseil de Prud'hommes. Quelques Conseils ont pourtant admis qu'elles pourraient être appelées par une simple lettre du Secrétaire. Nous croyons devoir nous élever énergiquement contre une pareille manière de procéder. Ces Conseils ont pris pour base une disposition de l'article 41 de la loi du 11 juin 1809, ainsi conçue : « Si, au jour indiqué par la « lettre du Secrétaire, ou par la citation « de l'huissier, l'une des parties ne compa- « raît pas, la cause sera jugée par défaut, « sauf l'envoi d'une nouvelle citation dans « le cas prévu par le dernier paragraphe « de l'article 31. »

Cette disposition, qui paraît être une tournure servant au texte et à l'expression, ne doit pas, selon nous, être prise à la lettre, car, si l'on consulte l'esprit de la loi, on voit qu'elle se reporte, sinon formellement, mais au moins implicitement aux articles 29, 30 et 31 de la même loi, prescrivant le billet d'invitation pour le Bureau Particulier, la citation et même deux, suivant les cas, pour le Bureau Général. — Elle ne peut et ne doit donc, en aucun cas, recevoir l'application qu'on a voulu lui donner.

Et, d'ailleurs, cela se comprend : comment

admettre, en effet, qu'on puisse rendre un jugement sur un simple billet d'invitation, un billet sans date certaine, dont rien ne constate l'existence, un billet qui, en définitive, a pu ne pas être remis et n'est pas même soumis à la loi de l'affranchissement, comme ceux des justices de paix ?

Si la partie comparaît, si le jugement est contradictoire, le consentement pourra, jusqu'à un certain point, suppléer à l'illégalité; mais si la partie ne comparaît pas, si elle fait défaut, la nullité sera complète. Comment voudra-t-on donner à un jugement son caractère authentique quand sa base n'est ni certaine, ni établie? Comment osera-t-on procéder à une exécution quelconque en vertu d'un pareil titre? — Rien, absolument rien, ne peut donc motiver une pareille forme de procédure.

Le Conseil fera bien, en Bureau Général, d'essayer une nouvelle tentative de conciliation comme devant le Bureau Particulier. Si ce préliminaire n'aboutit pas, les parties expliqueront de nouveau les faits, discuteront leurs prétentions et leurs droits respectifs, et le Conseil, après les avoir entendues et interpellées, devra juger définitivement.

Les décisions du Bureau Général doivent être basées sur les éléments primitifs de la cause. Les propositions du Bureau Particulier, les adhésions données, les renonciations faites doivent être laissées de côté. Il n'y a plus lieu à concessions, ni à transactions ; il s'agit ici de rendre la justice, de la rendre par l'équité, si c'est possible, mais, avant tout, par le droit strict, le droit rigoureux.

Si les tribunaux de Prud'hommes ont une mission familière, ils ont aussi une mission sérieuse, une mission judiciaire. La solennité de l'audience du Bureau Général, le caractère de juges, dont les Prud'hommes sont revêtus, doivent leur faire comprendre toute l'importance de leur devoir. Il ne faudrait donc pas, sous un prétexte futile, ou dans un but de transaction, commettre une partialité ou consacrer une injustice. La décision n'aurait plus, alors, le caractère légal de la juridiction.

VI.

Les attributions des Conseils de Prud'-hommes sont infiniment variées : elles embrassent toutes les contestations qui peuvent s'élever entre patrons et ouvriers, entre fabricants, chefs d'ateliers, compagnons ou apprentis. Néanmoins, ces contestations ne rentrent dans les attributions des Conseils qu'autant que les industries qu'elles concernent sont formellement spécifiées dans le décret d'institution.

Les administrations qui demandent l'institution de Conseils de Prud'hommes doivent donc, autant que possible, chercher à faire représenter toutes les branches de leur commerce, toutes les fabriques qui s'exploitent dans leur ressort.

Il ne faudrait pourtant pas donner à cette mesure une extension arbitraire, car l'institution des Prud'hommes étant régie par des lois spéciales et exceptionnelles, on doit nécessairement la renfermer dans les limites qui ont été tracées par ces lois. D'un autre côté, il faut aussi respecter le principe d'ordre public d'après lequel nul ne peut être distrait de ses juges naturels.

Ainsi la juridiction des Prud'hommes ne s'étend point aux industries ni au territoire qui ne sont pas compris dans le décret de création de leur Conseil et nul ne peut être justiciable de ce Conseil s'il n'est marchand-fabricant, chef d'atelier, contre-maître, ouvrier, compagnon ou apprenti.

L'institution des Prud'hommes, dit M. Mollot, étant essentiellement consacrée aux industries déterminées par le décret de création, on comprend que leur juridiction ne doit pas s'étendre au delà des besoins de ces industries, et, par conséquent, des contestations qui les intéressent. La loi fait plus : elle circonscrit la juridiction dans le cercle des rapports industriels qui lient les deux parties ; elle veut que la contestation prenne sa source dans la branche d'industrie à laquelle l'une et l'autre appartiennent.

VII.

La volonté des parties peut pourtant quelquefois faire exception aux principes qui
viennent d'être énumérés.

Ainsi des parties, non justiciables d'un
Conseil, comme n'appartenant point à des
fabriques, ou appartenant à des fabriques
situées en dehors du ressort fixé par le
décret de création, peuvent se présenter
volontairement devant ce Conseil et lui soumettre leur différend. Le Conseil, dans ce
cas, peut les concilier ou les juger. Il ne
statue plus alors en vertu de pouvoirs judiciaires, mais bien ensuite de l'accord mutuel qui le constitue *arbitre*.

Dans les villes où des Conseils sont établis, le zèle des Prud'hommes ne recule jamais devant cette mission officieuse. Il arrive
souvent que des parties se présentent amia-
blement ou font donner un billet d'invitation,
sans se préoccuper du point de savoir si l'industrie qu'elles exercent est ou non comprise
dans le décret d'institution.

Nous avons vu dans un Conseil des parties qui n'en étaient pas justiciables se présenter volontairement sans billet d'invitation, expliquer leur difficulté et se soumettre avec empressement à la décision qu'elles étaient venues solliciter. — Un pareil trait prouve le bon sens et la raison des parties et fait honneur à l'impartialité du Conseil.

Ce mode de procéder ne peut pas avoir le moindre inconvénient, surtout si les discussions ont lieu entre patrons et ouvriers. Si, judiciairement parlant, le Conseil n'est pas compétent, il l'est au moins moralement et officieusement, car, d'après la loi, il aurait pu ou dû l'être, et s'il ne l'est pas, c'est le plus souvent par oubli de l'Administration qui a provoqué le décret de création.

D'un autre côté, les Conseils de Prud'hommes, qui ne se composent que de patrons et d'ouvriers, sont bien mieux à même que les juges de paix pour statuer sur des différends entre d'autres patrons et d'autres ouvriers. Si les industries qu'ils exercent ne sont pas semblables à celle qu'ils jugent, les formes qu'ils

emploient dans leurs relations intérieures sont
à peu près analogues ; les coutumes locales
et les usages leur sont généralement connus et
ont entre eux beaucoup d'identité.

VIII.

Les questions d'incompétence se soulèvent
rarement devant les Conseils. La prescription
ne s'oppose presque jamais. Lorsque ces cas-
là se présentent, nous croyons que les Prud'-
hommes doivent être excessivement rigoureux pour les parties qui emploient de pareils
moyens. Ils devront considérer que la juridiction des Prud'hommes est une juridiction
de famille ; qu'il faut, par conséquent, la restreindre, autant que possible, à des limites
équitables et à des rapports de bienséance
et d'honnêteté. Et quand un individu se présentera avec une exception d'incompétence
et de prescription, il faudra, tout d'abord,
se demander si ce n'est pas un esprit chicaneur et processif, un homme de mauvaise foi,
et chercher ensuite à se rendre un compte

exact des motifs qui le déterminent à agir ainsi.

Néanmoins, si l'exception de prescription ou d'incompétence était fondée, il ne faudrait pas hésiter à l'admettre. — Le Conseil, dans ce cas, devra se convaincre d'un point important qui dominera toutes les causes, lorsqu'il s'agira, surtout, de rendre une décision définitive: c'est que l'application du *droit* doit faire laisser de côté toutes considérations, quelles qu'elles soient.

Il serait impossible de déterminer toutes les contestations qui rentrent dans les attributions des Conseils de Prud'hommes : leur variété est infinie, eu égard à la variété des industries.

Pour les faire connaître en termes généraux, on peut néanmoins dire que la compétence des Prud'hommes embrasse *tous les différends*, sans exception, qui intéressent les fabriques comprises dans le ressort des Conseils, et qui divisent journellement soit les fabricants et les chefs d'ateliers, ouvriers, compagnons et apprentis, soit les chefs d'ateliers, ouvriers, compagnons et apprentis entre eux.

Les questions d'apprentissage, de livret, de congé, de prix de salaires, etc., sont, par conséquent, comprises dans ces attributions.

Indépendamment de cette mission générale, les Conseils de Prud'hommes ont, en outre, quelques attributions particulières. On peut citer les suivantes :

Ils doivent veiller à l'exécution des lois et règlements concernant les fabriques et ateliers ;

Ils prennent toutes les mesures conservatrices pour assurer la propriété des dessins aux fabricants qui en auront déposé des échantillons, sous enveloppe, au secrétariat du Conseil;

Ils sont compétents, pour la conciliation et pour le jugement, même entre fabricants, sur les contestations relatives à la contrefaçon des marques particulières de quincaillerie;

Ils agissent comme arbitres, soit à l'égard des marques de fabriques, soit pour les difficultés survenues entre un fabricant et ses contre-maîtres relativement aux opérations de la fabrique ;

Ils connaissent de la délivrance des *livres d'acquit* et des règlements de comptes entre les négociants-manufacturiers et les chefs d'ateliers ;

Ils peuvent punir, par voie de simple police, tout délit tendant à troubler l'ordre et la discipline de l'atelier, tout manquement grave des apprentis envers leurs maîtres ;

Ils doivent constater, sur les plaintes qui leur seront portées, les soustractions de matières premières qui pourraient être faites par les ouvriers au préjudice des fabricants, et les infidélités commises par les teinturiers ;

Ils sont chargés de constater aussi, toujours sur les plaintes qui pourraient leur être adressées, les contraventions aux lois et règlements nouveaux, ou remis en vigueur ;

Ils sont tenus de donner leur avis sur toutes les questions qui leur sont posées par l'Autorité administrative ;

Ils sont enfin autorisés à faire, dans les ateliers, une ou deux inspections par an pour recueillir les informations nécessaires.

Les Conseils de Prud'hommes ont encore un certain nombre de missions officieuses, qui, pour n'être ni légales, ni judiciaires, n'en sont pas moins importantes et délicates : ils vérifient, discutent ou approuvent les règlements intérieurs des fabriques, ou donnent leur avis sur ces règlements; ils sont appelés à intervenir entre patrons et ouvriers, en cas de coalitions et de grèves ; ils sont consultés sur toutes les questions qui intéressent l'industrie et sur les besoins manufacturiers des localités; ils sont appelés, pour la discussion des tarifs, quand surgissent des mésaccords généraux dans le prix des salaires, et quand des divisions, quelles qu'elles soient, intéressent l'organisation du travail; en un mot, on a recours à eux toutes les fois qu'il y a une mission de calme, d'impartialité et de conciliation à remplir.

IX.

Les actions en prescription rentrent dans

le droit commun , et sont réglées par le
Code Napoléon. Voici celles qui se présentent le plus fréquemment devant les Conseils
de Prud'hommes :

L'action des ouvriers et gens de travail
pour le paiement de leurs journées, fourni-
tures et salaires, qui se prescrit par six mois ;

L'action du maître contre l'apprenti, qui
se prescrit par un an ;

L'action des patrons contre l'ouvrier, qui
se prescrit par trente ans.

X.

La juridiction des Prud'hommes renferme
encore beaucoup d'imperfections ; il y aurait,
sans doute, bien des lacunes à combler ; l'avenir, bien certainement, en fera connaître la
nécessité ; le temps et l'expérience finiront
par accomplir cette œuvre, déjà si fortement
consolidée.

Nous nous permettrons pourtant d'émettre
un vœu : les divers décrets relatifs à l'organisation des Prud'hommes n'ont entre eux ni

ensemble, ni harmonie. Depuis plus de cin-
quante ans, les nouvelles dispositions se sont
bornées à modifier les anciennes , tout en les
laissant subsister en partie, et sans les refon-
dre entièrement. Les lois qui ont été rendues
se lient, se confondent, se reportent les unes
aux autres. Il en résulte une incohérence, une
confusion qu'il devient nécessaire de faire
disparaître. Le moment serait donc venu de
régulariser cette législation, de la mettre en
ordre, afin que l'on puisse avoir le *Code des
Prud'hommes.*

XI.

Nous ne terminerons pas sans constater
les immenses services rendus depuis de lon-
gues années à l'industrie et au commerce par
les Conseils de Prud'hommes. Ces juridictions sont aujourd'hui nombreuses en France.
Dans toutes les villes où elles fonctionnent
on n'a eu qu'à se louer des résultats obtenus.
La statistique a constaté qu'à diverses époques, et dans certaines localités, on avait

concilié, en moyenne, jusqu'à 97 affaires sur 100. Un pareil chiffre est plus éloquent que tout ce que l'on pourrait dire.

Pour faire connaître d'une manière précise le mouvement des Conseils de Prud'hommes, l'on peut citer le dernier compte rendu officiel présenté, pour l'année 1859, à Sa Majesté Impériale par le Garde des Sceaux, Ministre de la Justice.

Voici ce qu'on y trouve :

Il existait quatre-vingt-quinze Conseils de Prud'hommes en 1859; mais onze d'entre eux n'ont pas fonctionné.

Les quatre-vingt-quatre autres ont été saisis en *Bureau Particulier*, c'est-à-dire comme conciliateurs, de 43,089 affaires, 300 de moins qu'en 1858, et environ 6,000 de moins qu'en 1857 et en 1856.

Ils ont concilié 25,863 affaires (600 sur 1,000); 9,691 (225 sur 1,000) ont été retirées par les parties, et 7,535 (175 sur 1,000), sur le refus des parties de s'arranger à l'amiable, ont été renvoyées au Bureau Général pour y être jugées.

Parmi ces dernières, 4,803 (638 sur 1,000) ont encore été retirées avant jugement, et il n'en a été jugé en Bureau Général que 2,732. Les jugements intervenus étaient : 2,217 en dernier ressort, et 515 en premier ressort ; 36 de ceux-ci ont été frappés d'appel.

Les quatre Conseils de Prud'hommes du département de la Seine ont été saisis de 15,409 affaires, plus du tiers du nombre total (36 sur 100). Celui de Lyon a été saisi de 4,280. Celui de Saint-Étienne de 4,095. Ceux de Marseille, de Rouen, d'Elbeuf, d'Angoulême et de Caen, de 1,300 à 1,000.

XII.

Si, maintenant, nous laissons de côté l'intérêt matériel pour ne considérer que le point de vue moral ; si nous mettons en parallèle la diminution des affaires civiles et l'augmentation des affaires commerciales, nous arriverons à reconnaître que l'institution des Prud'hommes est une institution protectrice

et bienfaisante; qu'elle doit avoir sur la société une influence morale et civilisatrice; et
qu'elle est appelée, par les progrès de l'intelligence et par le développement de l'industrie,
à devenir une juridiction des plus importantes
et des plus utiles.

APPENDICE.

7

Dans nos quatre premiers chapitres nous avons
fait l'historique des Conseils de Prud'hommes et
analysé les lois qui ont été rendues.

Dans le cinquième et dernier chapitre nous avons
jeté un coup d'œil général sur l'ensemble de l'institution, résumé nos appréciations, et traité spéciale-
ment l'organisation, les attributions des Conseils, et
un certain nombre de cas particuliers.

Pour ne rien négliger dans l'accomplissement de
notre travail, nous donnons encore comme appendice :

En premier lieu, un formulaire de tous les actes
relatifs à la procédure devant les Conseils de Prud'-
hommes, avec de nombreuses notes explicatives et
la fixation des droits de timbre et d'enregistrement;

En second lieu, le texte des lois et décrets principaux qui régissent la matière :

1° La loi du 18 mars 1806, qui établit un Conseil de Prud'hommes à Lyon, et dont les dispositions sont devenues communes à toutes les villes de France ;

2° Le décret du 11 juin 1809, modifié par celui du 20 février 1810, qui pose les règles générales des Conseils de Prud'hommes ;

3° Le décret du 3 août 1810, qui augmente la compétence et établit une juridiction de police ;

4° Celui du 27 mai 1848, qui, tout en faisant des réformes importantes, apportait des troubles dans l'organisation ;

5° Enfin, la loi du 1er juin 1853, qui rétablit l'équilibre qui avait été rompu, et trace définitivement les bases des Conseils.

Avec ces éléments, nous pensons avoir fait connaître, d'une manière exacte et complète, la juridiction des Prud'hommes.

E.-J. S.

FORMULAIRE

DES ACTES DE PROCÉDURE DEVANT LES CONSEILS
DE PRUD'HOMMES.

---

1. BILLET *d'invitation devant le Bureau
Particulier* (1).

Ville de .....

Conseil de Prud'hommes.

M......

Vous êtes invité à comparaître, en *personne* (2), par-
devant le Bureau Particulier du Conseil de Prud'hommes de
la ville de....., tenant ses audiences dans une des salles de
l'Hôtel de Ville, au..... étage, le..... à..... heures du.....,

---

(1) Les Secrétaires des Conseils de Prud'hommes ne sont
pas, comme les Greffiers de Justices de paix, assujettis à
l'affranchissement des billets d'invitation. Ils remettent souvent ces billets aux parties. Ils feraient bien, pour plus de sû-
reté, de les affranchir et de les mettre à la poste eux-mêmes.

(2) L'invité doit se rendre en personne aux jour et heure
fixés, sans pouvoir se faire remplacer, hors le cas d'absence
ou de maladie. Alors, seulement, il est admis à se faire représenter par l'un de ses parents, négociant ou marchand,
exclusivement, porteur de sa procuration. (Décret du 11 juin
1809, art. 29). — La jurisprudence a pourtant, en quelque
sorte, admis qu'en cas d'absence ou de maladie, un patron
peut être remplacé par son employé, un ouvrier par un
parent, ouvrier comme lui.

à l'effet de vous concilier sur la demande du sieur....., en
paiement de..... (*énoncer les causes*).

    A...... *le*..... 18.....

Le Secrétaire du Conseil,
(*Signature*).

Nota. — Prière de vous munir de toutes les pièces relatives à la contestation.

En cas de non comparution, vous serez condamné aux
frais de la citation.

---

2. PROCÈS-VERBAL *de non conciliation* (1).

L'an..... et le....., devant nous Membres du Conseil de
Prud'hommes de la ville de..... tenant l'audience du Bureau
Particulier, comparaissent, ensuite de billet d'invitation, les
sieurs....., lesquels nous ont expliqué, savoir :

Le sieur..... qu'il réclame..... (*énoncer l'objet de la réclamation*), et le sieur..... qu'il..... (*énoncer la réponse du
défendeur*).

Après avoir, par tous les moyens, cherché à concilier les

---

(1) S'il y a conciliation on rédige, dans la même forme,
un procès-verbal constatant l'accord des parties.

Si l'invité ne comparaît pas, les Membres du Bureau Particulier, ou le Secrétaire, délivrent un certificat autorisant la
citation.

Généralement, dans la pratique, on ne rédige pas de
procès-verbal et on ne délivre pas de certificat. Le Secrétaire
tient un registre sur lequel il inscrit les noms des parties,
l'objet du litige et les décisions du Bureau Particulier. Il en
donne verbalement connaissance à l'huissier chargé de citer.

parties, nous constatons qu'il nous a été impossible d'y parvenir ; en conséquence, nous les renvoyons à se pourvoir devant le Bureau Général, conformément à la loi.

Et de ce qui précède nous avons rédigé le présent procès-verbal, qui a été signé par nous et le Secrétaire-Greffier.

(*Signatures*).

---

3. CITATION (1).

L'an..... et le..... je..... huissier exerçant près le Tribunal civil de..... demeurant en ladite ville, rue..... attaché (2) au Conseil de Prud'hommes de la ville de.....

A la requête du sieur..... (*nom, prénoms, profession et domicile*),

Ai donné citation au sieur..... (*nom, prénoms, profession et domicile*),

Pour qu'il comparaisse a.... par-devant le Bureau Général du Conseil de Prud'hommes de la ville de....., et à l'audience qu'il donnera dans la salle de l'Hôtel de Ville, au..... étage, le....., à..... heures du.....

A l'effet de s'entendre condamner à payer au requérant,

---

(1) Il y aura un jour, au moins, entre celui où la citation aura été remise et le jour indiqué pour la comparution, si la partie est domiciliée dans la distance de trois myriamètres ; si elle est domiciliée au delà de cette distance, il sera ajouté un jour par chaque trois myriamètres.

(2) Un huissier audiencier est attaché à chaque Conseil de Prud'hommes. Il est chargé de faire la police de l'audience et de signifier les actes. Cet huissier est nommé par une délibération du Conseil.

     FORMULAIRE.

avec intérêts légitimes et dépens, la somme de..... pour.....
(*énoncer les causes*).

Et pour que ledit sieur..... ne l'ignore, je lui ai donné et laissé copie du présent exploit, en son domicile, où je suis allé, parlant à.....

Le coût est de.....

(*Signature de l'huissier*).

---

4. JUGEMENT *par défaut* (1).

L'an..... et le....., le Bureau Général du Conseil de Prud'hommes de la ville de...... composé de M......, président; MM....., membres patrons (*deux au moins*), MM....., membres ouvriers (*deux au moins*), assistés de M....., secrétaire-greffier, — a rendu le jugement dont la teneur suit :

Entre sieur..... (*nom, prénoms, profession, domicile*), demandeur, citant par exploit du....., d'une part;

Le sieur..... (*nom, prénoms, profession, domicile*), défendeur cité, d'autre part;

Ouï le sieur....., qui a conclu à ce qu'il plaise au Conseil

---

(1) La partie condamnée par défaut a *trois jours*, à compter de la signification, pour former opposition au jugement. L'exploit d'opposition doit énoncer sommairement les moyens et contenir citation pour une nouvelle audience. — Le Conseil, suivant les cas, a la faculté de proroger le délai de trois jours ou d'admettre l'opposition tardive. — Voir, à ce sujet, les dispositions de l'art. 43 du décret du 11 juin 1809.

Les jugements par défaut qui n'ont pas été exécutés dans le délai de six mois sont réputés non avenus. (Loi du 1er juin 1853, art. 15).

de Prud'hommes donner défaut, faute de comparaître, contre le sieur..... et, pour le profit, le condamner, pour y être contraint par toutes les voies de droit (*même par corps*) (1), à lui payer, avec intérêts légitimes et dépens, la somme de..... pour..... (*énoncer les causes*).

Faits (2). Suivant exploit de....., huissier à....., en date du..... le sieur..... a fait citer le sieur..... devant le Conseil de Prud'hommes, aux fins des conclusions ci-dessus transcrites.

A l'appel de la cause par l'huissier, le sieur...... n'a pas répondu et personne ne s'est présenté pour lui.

En droit. Doit-on adjuger les conclusions du demandeur ?

Attendu que la réclamation paraît juste et fondée ;

Attendu que le défaut sous lequel se trouve le défendeur fait présumer qu'il n'a rien à opposer à la demande qui lui est faite ;

Par ces motifs, le Conseil de Prud'hommes de la ville de..... donne défaut, faute de comparaître, contre le sieur...., et, pour le profit, le condamne, pour y être contraint par toutes les voies de droit, même par corps (*si c'est le cas*), à payer au sieur...., avec intérêts légitimes, la somme de..... pour les causes de la demande ; le condamne, en outre, aux dépens liquidés à...., outre le coût et les accessoires du présent, qui sera signifié au défaillant par..... huissier à....., à ces fins commis.

---

(1) Les Conseils de Prud'hommes ont le droit de prononcer la contrainte par corps, mais seulement, bien entendu, dans les cas et limites prévus par la loi. — Voir Dalloz au mot Prud'hommes, n°s 119 et 126.

(2) Si la cause a des faits particuliers, il sera nécessaire de les énoncer.

Ainsi jugé et prononcé à..... en audience publique, dans la salle de l'Hôtel de Ville, au..... étage, les jour, mois et an susdits.

(*Signatures du Président et du Secrétaire*).

---

5. JUGEMENT *contradictoire* (1).

Ce jugement est rédigé dans la même forme que le précédent, en ajoutant les conclusions du défendeur, en supprimant la mention du défaut et en expliquant, soit dans les faits, soit dans les motifs, ce qui est relatif à la contestation.

Le dispositif est ainsi conçu :

Par ces motifs, le Conseil de Prud'hommes de la ville de....., jugeant contradictoirement et en dernier (ou premier) ressort, condamne (ou prononce)...... (*préciser la condamnation*)..... condamne, en outre, le sieur..... aux dépens. (*il est inutile de liquider les frais et de commettre un huissier pour signifier le jugement*).

---

(1) Les jugements contradictoires sont définitifs et sans appel lorsque le chiffre de la demande n'excède pas 200 francs en capital. — Au-dessus de cette somme ils sont sujets à l'appel devant le Tribunal de commerce. (Loi du 1er juin 1853, art. 13).

Lorsque le chiffre de la demande excède 200 francs, le jugement de condamnation peut ordonner l'exécution immédiate, et à titre de provision, jusqu'à concurrence de cette somme, sans qu'il soit besoin de fournir caution. — Pour le surplus, l'exécution provisoire ne peut être ordonnée qu'à la charge de fournir caution. (Même loi, art. 14).

Les jugements *préparatoires* (1) ordonnent ou une expertise, ou une enquête, ou une vérification. Le jugement ordonnant une expertise nommera l'expert, l'astreindra à prê-
ter serment ou l'en dispensera , désignera l'objet à exper-
tiser, et réservera tous droits, moyens et dépens. — Le jugement ordonnant une enquête précisera les faits à prouver,
fixera le jour où les témoins seront entendus et réservera
également tous droits, moyens et dépens. Le jugement relatif à une vérification ordonnera le transport d'un ou plusieurs
membres du Conseil sur les lieux , fixera le jour , l'heure ,
et désignera l'objet à vérifier.

En règle générale, tout jugement doit contenir les noms
des parties, leurs conclusions, les points de fait, les points
de droit, les motifs et le dispositif. Chaque disposition doit
être motivée.

---

6. PROCÈS-VERBAL *d'enquête* (2).

L'an..... et le....., devant le Bureau Général du Conseil
de Prud'hommes de la ville de..... tenant son audience dans
la salle de l'Hôtel de Ville.....

---

(1) Ces jugements ne doivent pas être expédiés. En cas
de transport sur les lieux, le Secrétaire apporte la minute.
L'appel ne peut être interjeté qu'après le jugement définitif
et conjointement avec l'appel de ce jugement. (Décret du
11 juin 1809 , art. 45 , 46 et 47).

(2) Il n'est dressé procès-verbal de l'audition des témoins
que dans les causes sujettes à l'appel. — Dans les causes
en dernier ressort, les dépositions sont rapportées dans le
jugement. (Décret du 11 juin 1809 , art. 52 et 53).

Comparaît sieur....., lequel expose que, suivant jugement préparatoire rendu le....., entre lui et le sieur....., il a été autorisé à prouver par témoins que..... (*énoncer les faits*); qu'ensuite de ce jugement il a, par exploit de... huissier attaché au Conseil, en date du...., fait citer (1) ses témoins pour l'audience de ce jour (2); que lesdits témoins sont ici présents, et qu'il demande à ce qu'ils soient entendus;

Comparaît également le sieur....., lequel expose que le même jugement lui a réservé la preuve contraire des faits articulés par le sieur.....; que, par exploit de....., huissier, en date du....., il a également fait citer ses témoins pour

---

(1) La citation est faite en la forme ordinaire. — Le témoin est taxé conformément aux dispositions de l'article 61 de la loi du 11 juin 1809. — Si le témoin ne comparaît pas, nous pensons qu'il peut être réassigné à ses frais et condamné aux amende et dommages-intérêts prononcés par l'article 263 du code de procédure civile.

La jurisprudence a généralement admis que les témoins pouvaient comparaître volontairement devant un Conseil de Prud'hommes, sans citation.

(2) La partie qui laissera passer le jour fixé n'encourra pas, selon nous, la déchéance. Tant que le jugement définitif n'aura pas été prononcé, elle pourra faire entendre ses témoins; mais, alors, elle devra présenter requête au Président du Conseil en fixation d'un nouveau jour, et faire sommation à la partie adverse d'assister à l'enquête. Les frais de cette nouvelle procédure devront être à la charge de la partie qui les aura occasionnés. — Ce principe nous paraît admissible par analogie avec ce qui se passe pour l'opposition aux jugements par défaut. — Il ne peut pas y avoir plus de forclusion pour la formalité de l'enquête que pour celle de l'opposition.

l'audience de ce jour ; qu'ils sont ici présents, et qu'il demande à les faire entendre.

Le Conseil de Prud'hommes, après délibération, ordonne qu'il va être procédé immédiatement à l'audition des témoins dont il s'agit.

L'huissier de service, ayant réuni lesdits témoins, les a fait sortir de la salle pour être entendus séparément, et les a ensuite appelés chacun à leur tour dans l'ordre suivant :

1ᵉʳ *Témoin*. — Le premier témoin, cité à la requête du sieur...., déclare se nommer..... (*nom, prénoms, profession, domicile*), être âgé de....., et n'être ni parent, allié, serviteur ou domestique des parties. Il prête serment de dire toute la vérité, rien que la vérité.

Sur l'interpellation de M. le Président du Conseil, le sieur..... déclare n'avoir aucun reproche à faire à ce témoin, ou le reproche pour..... (*énoncer le motif*).

Après avoir pris connaissance des faits articulés, le témoin dépose ainsi qu'il suit..... (*transcrire sa déposition*).

Et après lecture faite de sa déposition, le témoin y a persisté et a signé..... (*Signature*), ou a déclaré ne savoir signer.

2ᵐᵉ *Témoin*. (*La même formule pour chaque témoin*).

Et de tout ce qui précède il a été dressé, en audience publique, les jour, mois et an susdits, le présent procès-verbal, qui a été signé par le Président et le Secrétaire-Greffier.

(*Signatures*).

---

7. ACTE *de récusation* (1).

L'an..... et le....., je..... huissier etc....., à la requête de..... (*nom, prénoms, profession, domicile*).

---

(1) Voir, pour les cas de récusation, les dispositions de l'article 54 du décret du 11 juin 1809.

Ai signifié et déclaré a M...... en qualité de Secrétaire-Greffier du Conseil de Prud'hommes de la ville de......, domicilié en ladite ville ;

Que, dans le différend qui est soumis à la décision du Conseil entre le requérant et le sieur...... M....., doit siéger comme membre dudit Conseil ; que le requérant entend le récuser pour.... (*expliquer le motif*).

En conséquence, le sieur..... déclare, par le présent, former la récusation dont il s'agit, et la dénoncer à M. le Secrétaire-Greffier pour qu'elle soit déposée sur le bureau du Conseil et communiquée immédiatement à M....., Prud'homme récusé (1).

---

(1) Le Prud'homme récusé est tenu, dans le délai de deux jours, de donner au bas de l'acte signifié sa déclaration par écrit, portant :

Ou son acquiescement à la récusation, ainsi conçu : *Je soussigné..... membre du Conseil de Prud'hommes de la ville de..... déclare acquiescer à la récusation formée contre moi par le sieur..... et me la tenir pour bien et dûment signifiée. A..... le..... (Signature)* ;

Ou son refus de s'abstenir, avec ses réponses aux moyens de récusation, dans les termes suivants : *Je soussigné..... etc, déclare m'opposer à la récusation formée contre moi au nom du sieur....., par le motif..... (énoncer le motif). A...... le..... (signature).*

Dans les trois jours de la réponse du Prud'homme qui refuse de s'abstenir, ou faute par lui de répondre, une expédition de l'acte de récusation et de la déclaration du Prud'homme, s'il y en a, est envoyée par le Président du Conseil au Président du Tribunal de commerce. La récusation y est jugée en dernier ressort, sans qu'il soit besoin d'appeler les parties. (Décret du 11 juin 1809. art. 57).

Et pour que M..... (*le Secrétaire*), ne l'ignore, je lui ai, en son Greffe et parlant à....., donné et laissé copie du présent, qui a été signé par le requérant, tant sur l'original que sur la copie. — Le coût est de.....

(*Signatures de la partie et de l'huissier*).

---

8. ACTE DE DÉPÔT *d'un dessin* (1).

L'an..... et le..... au Greffe du Conseil de Prud'hommes de la ville de..... et devant nous Secrétaire-Greffier (2), s'est présenté le sieur.....; lequel nous a remis un paquet sous enveloppe, revêtu de son cachet, de sa signature et portant cette inscription : *échantillon déposé par*..... *A*..... *le*.....
(*signature*).

Le sieur..... nous a déclaré que cet échantillon était un

---

(1) Voir, pour les dépôts de dessins, les dispositions des art. 14, 15, 16, 17, 18 et 19 de la loi du 18 mars 1806.

L'acte de dépôt d'une *Marque* est rédigé dans la même forme que l'acte de dépôt d'un *Dessin*; seulement on décrit la marque qu'il n'est pas utile de mettre sous enveloppe, et on supprime ce qui est relatif au temps pendant lequel on veut conserver la propriété. — Voir, pour la conservation des marques, les dispositions des articles 4, 5, 6, 7, 8 et 9 du décret du 11 juin 1809.

Un extrait de l'acte de dépôt est délivré à la partie comparante.

(2) Dans quelques villes on fait l'acte de dépôt devant le Président du Conseil, avec l'assistance du Secrétaire. Nous pensons que la présence du Président n'est pas obligatoire. Il ne s'agit là que d'un acte de greffe.

dessin de son invention; qu'il en faisait le dépôt de conformité aux dispositions de l'article 15 de la loi du 18 mars 1806 ; qu'il entendait s'en réserver la propriété exclusive pendant..... ans (*ou à perpétuité*) (1), et qu'il poursuivrait les contrefacteurs devant tous tribunaux compétents.

Il nous a, en outre, requis de recevoir le dépôt dudit dessin et d'en faire l'enregistrement, conformément à la loi.

Et après avoir apposé le sceau du Conseil sur ledit paquet et l'avoir numéroté, nous avons donné acte des comparution et déclarations qui précèdent, et dressé le présent, qui a été signé, après lecture faite, par le comparant et le Secrétaire-Greffier.

(Signatures).

---

9. PROCÈS-VERBAL *d'inspection d'ateliers* (2).

L'an..... et le..... à..... heures....., nous...... membres

---

(1) Le fabricant peut se réserver la propriété de son dessin pendant *un*, *trois* ou *cinq* ans, ou à *perpétuité*. Il doit en faire la déclaration dans l'acte de dépôt. (Loi du 18 mars 1806, art. 18).

(2) Les procès-verbaux que les Prud'hommes rédigent sont nombreux. Outre ceux d'inspection d'ateliers, on peut encore citer les procès-verbaux de contraventions aux lois et règlements, de soustractions de matières premières, d'infidélités, de suffisance ou insuffisance de marques, d'arbitrages, etc., etc. — Tous ces procès-verbaux n'ont pas de règles particulières. Leur forme est toujours la même. Le fond seul change, en raison de la nature des constatations que les Prud'hommes sont appelés à faire.

du Conseil de Prud'hommes (1) de la ville de....., assistés
du Secrétaire-Greffier, nous sommes, de conformité à l'article 29 de la loi du 18 mars 1806, transporté dans l'atelier
du sieur..... à l'effet de recueillir les informations nécessaires à.... (*les expliquer*), de prendre connaissance du trouble
et de l'indiscipline qui y règnent, d'en constater la cause
et les auteurs, etc., etc.

Arrivés dans ledit atelier, nous avons trouvé..... ou nous
avons vu..... (*expliquer ce qui a été vu et entendu, et mentionner, au besoin, les dépositions des témoins*).

Et de ce qui précède nous avons rédigé le présent procès-verbal, pour être ensuite procédé comme il appartiendra.

Ainsi arrêté et signé, les jour, mois et an susdits, par
nous membres du Conseil et le Secrétaire-Greffier.

(*Signatures*).

DROITS

D'ENREGISTREMENT ET DE TIMBRE

Relatifs à la Juridiction des Prud'hommes.

Dans les contestations, entre patrons et ouvriers, devant
les Conseils de Prud'hommes, les actes de procédure, ainsi
que les jugements et les actes nécessaires à leur exécution,
sont rédigés sur papier visé pour timbre, et enregistrés en
débet. — Ces dispositions sont applicables aux causes du
ressort du Conseil de Prud'hommes portées en appel ou
devant la Cour de cassation (Loi du 7 août 1850).

---

(1) Il y aura deux membres au moins. Ils pourront se
faire assister de la police, ou de tout officier public.

Les expéditions sont aussi visées pour timbre en *débet*. mais non enregistrées.

Les procès-verbaux constatant les contraventions aux lois et règlements, les soustractions de matières premières, les infidélités, les certificats de dépôts de dessins doivent être enregistrés *gratis* (Décision du ministre des finances, du 20 juin 1809).

Les doubles livres d'acquit doivent être sur papier timbré, mais les trois registres tenus par les Conseils de Prud'hommes pour inscrire le dépôt des dessins, pour les livres d'acquit et pour le nombre des métiers et des ouvriers, sont exempts du droit de timbre (même décision).

La loi du 7 août 1850 et l'instruction sur l'enregistrement. qui l'a suivie, du 17 du même mois , n'ont rien changé au timbre et à l'enregistrement des actes et registres que nous venons d'énoncer dans les deux derniers alinéas. Ces actes et registres doivent encore, selon nous, recevoir l'application de la décision de 1809.

Le répertoire que le Secrétaire est obligé de tenir pour inscrire, jour par jour, ses actes, doit être sur papier timbré.

TEXTE DES LOIS.

TEXTE DES LOIS

LOI DU 18 MARS 1806.

TITRE Ier.

Institution et Nomination des Prud'hommes.

Art. 1er — Il sera établi à Lyon un Conseil de Prud'-
hommes composé de neuf membres, dont cinq négociants-
fabricants, et quatre chefs d'atelier

Art. 2. — Le mode de nomination sera déterminé par un
règlement d'administration publique (*rectifié*).

Art. 3. — Les négociants-fabricants ne pourront être
élus Prud'hommes, s'ils n'exercent depuis six ans dans cet
état, ou s'ils ont fait faillite (*rectifié*).

Les chefs d'atelier ne pourront être élus Prud'hommes,
s'ils ne savent lire et écrire, s'ils n'ont au moins six mois
d'exercice de leur état, ou s'ils sont rétentionnaires de matières données à employer par les ouvriers (*rectifié*).

Art. 4. — Le Conseil de Prud'hommes se renouvellera
par tiers, chaque année, le premier jour du mois de janvier.

Trois membres, dont un négociant-fabricant et deux chefs
d'atelier, seront renouvelés la première année.

Deux négociants-fabricants et un chef d'atelier seront
renouvelés à chacune des deux années suivantes (*rectifié*).

Art. 5. — Les membres du Conseil de Prud'hommes
sont toujours rééligibles.

TITRE II.

Des Fonctions des Prud'hommes.

SECTION PREMIÈRE.

*De la Conciliation et du Jugement des contestations entre
les fabricants, ouvriers, chefs d'atelier, compagnons et
apprentis.*

Art. 6. — Le Conseil de Prud'hommes est institué pour
terminer, par la voie de la conciliation, les petits différends
qui s'élèvent journellement, soit entre des fabricants et des
ouvriers, soit entre des chefs d'atelier et des compagnons ou
apprentis.

Il est également autorisé à juger, jusqu'à la somme de
soixante francs, sans forme ni frais de procédure, et sans
appel, les différends à l'égard desquels la voie de conciliation
aura été sans effet (*rectifié*).

Art. 7. — A cet effet, il sera tenu, chaque jour, depuis
onze heures du matin jusqu'à une heure, un bureau de conciliation, composé d'un Prud'homme fabricant et d'un Prud'-
homme chef d'atelier, devant lesquels se présenteront, en
personne, les parties en contestation.

Art. 8. — Il se tiendra, une fois par semaine au moins,
un bureau général ou Conseil de Prud'hommes, lequel
pourra prononcer, au nombre de cinq membres au moins,
ainsi qu'il est dit dans l'article précédent, sur tous les différends qui lui auront été renvoyés par le bureau de conciliation.

Art. 9. — Tout différend portant une somme supérieure
à celle de soixante francs, qui n'aura pu être terminé par la
voie de conciliation, sera porté devant le tribunal de commerce, ou devant les tribunaux compétents (*rectifié*).

SECTION II.

Des Contraventions aux lois et règlements.

Art. 10. — Le Conseil de Prud'hommes sera spéciale-
ment chargé de constater, d'après les plaintes qui pourraient lui être adressées, les contraventions aux lois et règlements nouveaux, ou remis en vigueur.

Art. 11. — Les procès-verbaux dressés par les Prud'-
hommes, pour constater ces contraventions, seront renvoyés aux tribunaux compétents, ainsi que les objets
saisis.

Art. 12. — Le Conseil de Prud'hommes constatera également, sur les plaintes qui lui seront portées, les soustractions de matières premières qui pourraient être faites
par les ouvriers au préjudice des fabricants, et les infidélités
commises par les teinturiers.

Art. 13. — Les Prud'hommes, dans les cas ci-dessus,
et sur la réquisition verbale ou écrite des parties, pourront,
au nombre de deux au moins, assistés d'un officier public,
dont un fabricant et un chef d'atelier, faire des visites chez
les fabricants, chefs d'atelier, ouvriers et compagnons.

Les procès-verbaux constatant les soustractions ou infidélités seront adressés au bureau général des Prud'hommes,
et envoyés, ainsi que les objets formant pièces de convic-
tion, aux tribunaux compétents.

SECTION III.

De la Conservation de la propriété des Dessins.

Art. 14. — Le Conseil de Prud'hommes est chargé des
mesures conservatrices de la propriété des dessins.

Art. 15. — Tout fabricant qui voudra pouvoir revendiquer,

par la suite, devant le tribunal de commerce, la propriété d'un dessin de son invention, sera tenu d'en déposer aux archives du Conseil de Prud'hommes un échantillon plié sous enveloppe revêtue de ses cachet et signature, sur laquelle sera également apposé le cachet du Conseil de Prud'-hommes.

Art. 16. — Les dépôts des dessins seront inscrits sur un registre tenu *ad hoc* par le Conseil de Prud'hommes, lequel délivrera aux fabricants un certificat rappelant le numéro d'ordre du paquet déposé, et constatant la date du dépôt.

Art. 17. — En cas de contestation entre deux ou plusieurs fabricants sur la propriété d'un dessin, le Conseil de Prud'hommes procédera à l'ouverture des paquets qui auront été déposés par les parties; il fournira un certificat indiquant le nom du fabricant qui aura la priorité de date.

Art. 18. — En déposant son échantillon, le fabricant déclarera s'il entend se réserver la propriété exclusive pendant une, trois ou cinq années, ou à perpétuité : il sera tenu note de cette déclaration.

A l'expiration du délai fixé par ladite déclaration, si la réserve est temporaire, tout paquet d'échantillon, déposé sous cachet dans les archives du Conseil, devra être transmis au Conservatoire des Arts de la ville de Lyon, et les échantillons y contenus être joints à la collection du Conservatoire.

Art. 19. — En déposant son échantillon, le fabricant acquittera, entre les mains du receveur de la commune, une indemnité qui sera réglée par le Conseil de Prud'hommes, et ne pourra excéder un franc pour chacune des années pendant lesquelles il voudra conserver la propriété exclusive de son dessin, et sera de dix francs pour la propriété perpétuelle.

TITRE III.

Des Règlements de compte, et de la Police entre les maîtres d'atelier et les négociants.

ART. 20. — Tous les chefs d'atelier actuellement établis, ainsi que ceux qui s'établiront à l'avenir, seront tenus de se pourvoir, au Conseil de Prud'hommes, d'un double livre d'acquit pour chacun des métiers qu'ils feront travailler, dans la quinzaine à dater du jour de la publication pour ceux qui travaillent, et dans la huitaine du jour où commenceront à travailler ceux qu'ils monteront à neuf.

Sur ce livre d'acquit, paraphé et numéroté, et qui ne pourra leur être refusé, lors même qu'ils n'auraient qu'un métier, seront inscrits les nom, prénoms et domicile du chef d'atelier.

ART. 21. — Il sera tenu, au Conseil de Prud'hommes, un registre sur lequel lesdits livres d'acquit seront inscrits ; le chef d'atelier signera, s'il le sait, sur le registre, et sur le livre d'acquit qui lui sera délivré.

ART. 22. — Le chef d'atelier déposera le livre d'acquit du métier qu'il destinera au négociant-manufacturier entre ses mains, et pourra, s'il le désire, en exiger un récépissé.

ART. 23. — Lorsqu'un chef d'atelier cessera de travailler pour un négociant, il sera tenu de faire noter sur le livre d'acquit, par ledit négociant, que le chef d'atelier a soldé son compte ; ou, dans le cas contraire, la déclaration du négociant spécifiera la dette dudit chef d'atelier.

ART. 24. — Le négociant, possesseur du livre d'acquit, le fera viser aux autres négociants occupant des métiers dans le même atelier, qui énonceront la somme due par le chef d'atelier, dans le cas où il serait leur débiteur.

Art. 25. -- Lorsque le chef d'atelier restera débiteur du négociant-manufacturier pour lequel il aura cessé de travailler, celui qui voudra lui donner de l'ouvrage fera la promesse de retenir la huitième partie du prix des façons dudit ouvrage en faveur du négociant dont la créance sera la plus ancienne sur ledit registre, et ainsi successivement dans le cas où le chef d'atelier aurait cessé de travailler pour ledit négociant, du consentement de ce dernier ou pour cause légitime : dans le cas contraire, le négociant-manufacturier, qui voudra occuper le chef d'atelier, sera tenu de solder celui qui sera resté créancier en compte de matières, nonobstant toute dette antérieure, et le compte d'argent jusqu'à cinq cents francs.

Art. 26. -- La date des dettes que les chefs d'atelier auront contractées avec les négociants qui les auraient occupés sera regardée comme certaine vis-à-vis des négociants et maîtres d'atelier seulement, et, à l'effet des dispositions portées au présent titre, après l'apurement des comptes, l'inscription de la déclaration sur le livre d'acquit et le *visa* du bureau des Prud'hommes.

Art. 27. -- Lorsqu'un négociant-manufacturier aura donné de l'ouvrage à un chef d'atelier dépourvu de livre d'acquit pour le métier que le négociant voudra occuper, il sera condamné à payer comptant tout ce que ledit chef d'atelier pourrait devoir en compte de matières, et en compte d'argent jusqu'à cinq cents francs.

Art. 28. -- Les déclarations ci-dessus prescrites seront portées par le négociant-manufacturier sur le livre d'acquit resté entre les mains du chef d'atelier, comme sur le sien.

TITRE IV.

Dispositions diverses.

Art. 29. -- Le Conseil de Prud'hommes tiendra un registre exact du nombre des métiers existants et du nombre d'ouvriers de tous genres employés dans la fabrique, pour lesdits renseignements être communiqués à la chambre de commerce toutes les fois qu'il en sera requis.

A cet effet, les Prud'hommes sont autorisés à faire dans les ateliers une ou deux inspections par an pour recueillir les informations nécessaires.

Art. 30. — Les fonctions des Prud'hommes négociants-fabricants sont purement gratuites.

Art. 31. — Il sera attaché au Conseil de Prud'hommes un secrétaire et un commis avec mille francs.

Art. 32. — Toutes les fonctions des Prud'hommes et de leur bureau seront entièrement gratuites vis-à-vis des parties; ils ne pourront réclamer, pour les formalités remplies par eux, d'autres frais que le remboursement du papier et du timbre.

Art. 33. — En cas de plaintes en prévarication portées contre les membres du Conseil de Prud'hommes, il sera procédé contre eux suivant la forme établie à l'égard des juges.

Art. 34. — Il pourra être établi par un règlement d'administration publique, délibéré en Conseil d'État, un Conseil de Prud'hommes dans les villes de fabrique où le Gouvernement le jugera convenable.

Art. 35. — Sa composition pourra être différente selon les lieux; mais ses attributions seront les mêmes.

124　　TEXTE DES LOIS.

DÉCRET DU 20 FÉVRIER 1810,

RECTIFIANT CELUI DU 11 JUIN 1809.

TITRE Ier.

Composition des Conseils de Prud'hommes ; mode et époque du renouvellement de leurs membres.

ART. 1er. — Les Conseils de Prud'hommes ne seront composés que de marchands-fabricants, de chefs d'atelier, de contre-maîtres, de teinturiers ou d'ouvriers patentés. Le nombre de ceux qui en feront partie pourra être plus ou moins considérable ; mais, en aucun cas, les chefs d'atelier, les contre-maîtres, les teinturiers ou les ouvriers ne seront égaux en nombre aux marchands-fabricants : ceux-ci auront toujours dans le Conseil un membre de plus que les chefs d'atelier, les contre-maîtres, les teinturiers ou les ouvriers (*rectifié*).

ART. 2. — Les Conseils de Prud'hommes seront établis sur la demande motivée des chambres de commerce ou des chambres consultatives de manufactures. Cette demande sera d'abord communiquée au préfet, qui examinera si elle est de nature à être accueillie. Il la transmettra ensuite à notre Ministre de l'intérieur, qui, avant de nous en rendre compte, s'assurera si l'industrie qui s'exerce dans la ville est assez importante pour faire autoriser la création du Conseil de Prud'hommes.

ART. 3. — Les Conseils de Prud'hommes seront renouvelés en partie, chaque année, le premier jour du mois de janvier, dans les proportions qui suivent :

Si le Conseil est composé de cinq membres, il ne sera renouvelé, la première année, qu'un Prud'homme marchand-fabricant ; la seconde année, il sera renouvelé un Prud'hom-

me marchand-fabricant et un Prud'homme chef d'atelier,
contre-maître, teinturier ou ouvrier patenté ;

La troisième année, *idem*.

Si le Conseil est composé de sept membres, il sera renouvelé, la première année, deux Prud'hommes marchands-
fabricants et un Prud'homme chef d'atelier ou contre-
maître, etc., etc. ;

La deuxième année, un Prud'homme marchand-fabricant
et un Prud'homme chef d'atelier ;

La troisième année, *idem*.

Si le Conseil est composé de neuf membres, il sera renouvelé, la première année, un Prud'homme marchand-fabricant et deux Prud'hommes chefs d'atelier ;

La deuxième année, deux Prud'hommes marchands-fabricants et un Prud'homme chef d'atelier ;

La troisième année, *idem*.

Si le Conseil est composé de quinze membres, il sera renouvelé, la première année, deux Prud'hommes marchands-
fabricants et un Prud'homme chef d'atelier ;

La deuxième année, trois Prud'hommes marchands-fabricants et trois Prud'hommes chefs d'atelier ;

La troisième année. *idem*.

Le sort désignera ceux des Prud'hommes qui seront renouvelés la première et la seconde année ; dans les autres
années, ce seront les plus anciens nommés (*rectifié*).

Les Prud'hommes sont toujours rééligibles.

TITRE II.

*Attributions et Juridiction des Conseils de
Prud'hommes*

SECTION PREMIÈRE.

Des attributions des Conseils de Prud'hommes.

Art. 4. — Les Conseils de Prud'hommes seront chargés

de veiller à l'exécution des mesures conservatrices de la propriété des marques empreintes aux différents produits de la fabrique.

Art. 5. — Tout marchand-fabricant qui voudra pouvoir revendiquer devant les Tribunaux la propriété de sa marque sera tenu d'en adopter une assez distincte des autres marques pour qu'elles ne puissent être confondues et prises l'une pour l'autre.

Art. 6. — Les Conseils de Prud'hommes réunis sont arbitres de la suffisance ou insuffisance de différence entre les marques déjà adoptées et les nouvelles qui seraient déjà proposées, ou même entre celles déjà existantes ; et, en cas de contestation, elle sera portée au Tribunal de commerce, qui prononcera après avoir vu l'avis du Conseil de Prud'hommes.

Art. 7. — Indépendamment du dépôt, ordonné par l'article 18 de la loi du 18 germinal an XI, au Greffe du Tribunal de commerce, nul ne sera admis à intenter action en contrefaçon de sa marque, s'il n'a, en outre, déposé un modèle de cette marque au secrétariat du Conseil de Prud'-hommes.

Art. 8. — Il sera dressé procès-verbal de ce dépôt sur un registre en papier timbré, ouvert à cet effet, et qui sera coté et paraphé par le Conseil de Prud'hommes. Une expédition de ce procès-verbal sera remise au fabricant pour lui servir de titre contre les contrefacteurs.

Art. 9. — S'il était nécessaire, comme dans les ouvrages de quincaillerie et de coutellerie, de faire empreindre la marque sur des tables particulières, celui à qui elle appartient paiera une somme de six francs entre les mains du receveur de la commune. Cette somme, ainsi que toutes les autres qui seraient comptées pour le même objet, seront mises en réserve et destinées à faire l'acquisition des tables et à les entretenir.

SECTION II.

De la juridiction des Conseils de Prud'hommes.

Art. 10. — Nul ne sera justiciable des Conseils de Prud'-
hommes s'il n'est marchand-fabricant, chef d'atelier, contre-
maître, teinturier, ouvrier, compagnon ou apprenti : ceux-
ci cesseront de l'être dès que les contestations porteront sur
des affaires autres que celles qui sont relatives à la branche
d'industrie qu'ils cultivent, et aux conventions dont cette
industrie aura été l'objet. Dans ce cas, ils s'adresseront aux
juges ordinaires.

Art. 11. — La juridiction des Conseils de Prud'hommes
s'étend sur tous les marchands-fabricants, les chefs d'atelier,
contre-maîtres, teinturiers, ouvriers, compagnons et apprentis travaillant pour la fabrique du lieu ou du canton de la
situation de la fabrique, suivant qu'il sera exprimé dans les
décrets particuliers d'établissement de chacun de ces Conseils
à raison des localités, quel que soit l'endroit de la résidence
desdits ouvriers.

Art. 12. — Les Conseils de Prud'hommes ne connaîtront
que comme arbitres des contestations entre fabricants ou
marchands pour les marques, comme il est dit à l'article 6,
et, entre un fabricant et ses ouvriers contre-maîtres, des
difficultés relatives aux opérations de la fabrique.

TITRE III

*Mode de nomination et d'installation des Prud'-
hommes.*

Art. 13. — Les Prud'hommes seront élus dans une assemblée générale tenue à cet effet : cette assemblée sera convo-
quée huit jours à l'avance par le Préfet, présidée par lui

ou par celui des fonctionnaires publics de l'arrondissement qu'il désignera.

Art. 14. — Tout marchand-fabricant, tout chef d'atelier, tout contre-maître, tout teinturier, tout ouvrier, désigné dans la loi du 18 mars 1806, qui voudra voter dans l'assemblée, sera tenu de se faire inscrire sur un registre à ce destiné, qui sera ouvert à l'hôtel de ville. Nul ne sera inscrit que sur la présentation de sa patente : les faillis seront exclus.

Art. 15. — Pour la première année seulement de la création du Conseil, le Maire dressera la liste des votants, qui seront seuls admis à l'assemblée.

Art. 16. — En cas de contestation sur le droit d'assistance à l'assemblée, soit cette année, soit les années suivantes, il sera statué par le Préfet, sauf le recours à notre Conseil d'État.

Art. 17. — Il sera nommé par le Préfet, ou par celui des fonctionnaires publics qu'il aura désigné pour présider l'assemblée, un secrétaire et deux scrutateurs. L'élection des Prud'hommes sera faite au scrutin individuel, à la majorité absolue des suffrages : nul ne peut être élu s'il n'a trente ans accomplis (*rectifié*).

Art. 18. — Afin de remplacer les Prud'hommes qui viendraient à mourir ou à donner leur démission pendant l'exercice de leurs fonctions, il sera nommé deux suppléants, dont l'un sera choisi parmi les marchands-fabricants, et l'autre parmi les chefs d'atelier, les contre-maîtres, les teinturiers ou les ouvriers patentés (*rectifié*).

Art. 19. — L'élection terminée, il en sera dressé procès-verbal, qui sera déposé à la mairie. L'assemblée ne pourra délibérer ni s'occuper d'aucune autre chose que de l'élection.

Art. 20. — Les Prud'hommes prêteront, entre les mains du Préfet, ou du fonctionnaire public qui le remplacera, serment d'obéissance aux lois, de fidélité à l'Empereur, et de remplir leur devoir avec zèle et intégrité.

TITRE IV.

Du Bureau Particulier et du Bureau Général des Prud'hommes.

ART. 21. — Le Bureau Particulier des Prud'hommes sera composé de deux membres, dont l'un sera marchand-fabricant, et l'autre chef d'atelier, contre-maître, teinturier ou ouvrier patenté.

Dans les villes où le Conseil est de cinq ou sept membres, ce Bureau s'assemblera tous les deux jours, depuis onze heures du matin jusqu'à une heure.

Si le Conseil est composé de neuf ou de quinze membres, le Bureau Particulier tiendra tous les jours une séance, qui commencera et finira aux mêmes heures.

ART. 22. — Les fonctions du Bureau particulier sont de concilier les parties ; s'il ne le peut, il les renverra devant le Bureau Général.

ART. 23. — Le Bureau Général se réunira une fois par semaine au moins ; il prendra connaissance de toutes les affaires qui n'auraient pu être terminées par la voie de conciliation, quelle que soit la quotité de la somme dont elles seraient l'objet ; mais ses jugements ne seront définitifs qu'autant qu'ils porteront sur des différends qui n'excéderont pas soixante francs en principal et en accessoires. Dans tous autres cas, il sera libre d'en appeler.

ART. 24. — Le Bureau Général ne pourra prendre de délibération que dans une séance où les deux tiers au moins de ses membres se trouveront présents (*rectifié*).

Ses délibérations seront formées par l'avis de la majorité absolue des membres présents (de la moitié plus un).

ART. 25. — Il sera nommé, par le Bureau Général des Prud'hommes, un Président et un Vice-Président. Ce Président et ce Vice-Président ne seront en exercice que pendant une année, à l'expiration de laquelle il sera procédé à une nouvelle élection. L'un et l'autre sont toujours rééligibles (*rectifié*).

ART. 26. — Il sera attaché au Bureau Général des Prud'hommes un Secrétaire, pour avoir soin des papiers et tenir la plume pendant leurs séances ; il sera nommé à la majorité absolue des suffrages ; il pourra être révoqué à volonté ; mais, dans ce cas, la délibération devra être signée par les deux tiers des Prud'hommes (*rectifié*).

ART. 27. — Les jugements rendus par le Bureau Général des Prud'hommes, lorsque les parties n'auront pu être conciliées par le Bureau Particulier, seront mis à exécution vingt-quatre heures après la signification, et provisoirement, sauf l'appel devant le Tribunal de commerce, ou, à défaut de Tribunal de commerce, devant le Tribunal de première instance. Ils seront signés par le Président ou le Vice-Président, et contre-signés par le Secrétaire ; ils seront signifiés à la partie condamnée par un huissier qui sera attaché au Conseil de Prud'hommes.

ART. 28. — Dans les cas urgents, les Conseils de Prud'hommes, de même que les Bureaux Particuliers, pourront ordonner telles mesures qui seront jugées nécessaires pour empêcher que les objets qui donnent lieu à une réclamation ne soient enlevés, ou déplacés, ou détériorés.

TITRE V.

Des Citations.

ART. 29. — Tout marchand-fabricant, tout chef d'atelier, tout contre-maître, tout teinturier, tout ouvrier, compagnon ou apprenti, appelé devant les Prud'hommes, sur une simple lettre de leur Secrétaire, sera tenu de s'y rendre en

personne, au jour et à l'heure fixés, sans pouvoir se faire
remplacer, hors le cas d'absence ou de maladie ; alors seulement il sera admis à se faire représenter par l'un de ses
parents, négociant ou marchand exclusivement, porteur de
sa procuration.

ART. 30. — Si le particulier qui aurait été invité par le
Secrétaire à se rendre au Bureau Particulier ou au Bureau
Général des Prud'hommes ne paraît point, il lui sera envoyé
une citation, qui lui sera remise par l'huissier attaché au
Conseil. Cette citation, qui contiendra la date des jour,
mois et an, les noms, profession et domicile du demandeur,
énoncera sommairement les motifs qui le font appeler.

ART. 31. — La citation sera notifiée au domicile du défendeur, et il y aura un jour au moins entre celui où elle
aura été remise et le jour indiqué pour la comparution, si
la partie est domiciliée dans la distance de 3 myriamètres ;
si elle est domiciliée au delà de cette distance, il sera ajouté
un jour pour trois myriamètres.

Dans le cas où les délais n'auraient pas été observés, si
le défendeur ne paraît point, les Prud'hommes ordonneront
qu'il lui soit envoyé une nouvelle citation ; alors les frais de
la première citation seront à la charge du demandeur.

TITRE VI.

*Des séances du Bureau Particulier et du Bureau
Général des Prud'hommes, et de la Comparution des parties*

ART. 32. — Au jour fixé par la lettre du Secrétaire, ou
par la citation de l'huissier, les parties comparaîtront devant
le Bureau Particulier des Prud'hommes, sans pouvoir être
admises à faire signifier aucune défense.

Art. 33. — Elles seront tenues de s'expliquer avec modération, et de se conduire avec respect ; si elles ne le font point, elles seront d'abord rappelées à leurs devoirs par un avertissement du Prud'homme marchand-fabricant ; en cas de récidive, le Bureau Particulier pourra les condamner à une amende qui n'excédera pas 10 fr. , avec affiche du jugement dans la ville où siége le Conseil.

Art. 34. — Dans le cas d'insulte ou d'irrévérence grave, le Bureau Particulier en dressera procès-verbal, et pourra condamner celui qui s'en sera rendu coupable à un emprisonnement dont la durée ne pourra excéder trois jours.

Art. 35. — Les jugements, dans les cas prévus par les deux articles précédents, seront exécutoires par provision.

Art. 36. — Les parties seront d'abord entendues contradictoirement. Le Bureau Particulier ne négligera rien pour les concilier ; s'il ne peut y parvenir, il les renverra, ainsi qu'il est dit à l'article 22, devant le Bureau Général , qui statuera *sur-le-champ*.

Art. 37. — Lorsque l'une des parties déclarera vouloir s'inscrire en faux, déniera l'écriture, ou déclarera ne pas la connaître, le Président du Bureau Général lui en donnera acte ; il paraphera la pièce, et renverra la cause devant les juges auxquels en appartient la connaissance.

Art. 38. — L'appel des jugements des Conseils de Prud'-hommes ne sera pas recevable après les trois mois de la signification faite par l'huissier attaché à ces Conseils.

Art. 39. — Les jugements des Conseils de Prud'hommes, jusqu'à concurrence de 300 francs, seront exécutoires par provision, nonobstant l'appel, et sans qu'il soit besoin, par la partie qui aura obtenu gain de cause, de fournir caution.

Art. 40. — Les minutes de tout jugement seront portées par le Secrétaire sur la feuille de la séance, signées par les Prud'-hommes qui auront été présents, et contre-signées par lui.

TITRE VII.

Des jugements par défaut, et des oppositions à ces jugements.

Art. 41. — Si, au jour indiqué par la lettre du Secrétaire, ou par la citation de l'huissier, l'une des parties ne comparait pas, la cause sera jugée par défaut, sauf l'envoi d'une nouvelle citation, dans le cas prévu par le dernier paragraphe de l'article 31.

Art. 42. — La partie condamnée par défaut pourra former opposition dans les trois jours de la signification faite par l'huissier du Conseil. Cette opposition contiendra sommairement les moyens de la partie, et assignation au premier jour de séance du Conseil de Prud'hommes, en observant toutefois les délais prescrits pour les citations ; elle indiquera en même temps les jour et heure de la comparution, et sera notifiée ainsi qu'il est dit ci-dessus.

Art. 43. — Si le Conseil de Prud'hommes sait par lui-même, ou par les représentations qui lui seront faites par les proches voisins ou amis du défendeur, que celui-ci n'a pu être instruit de la contestation, il pourra, en adjugeant le défaut, fixer pour le délai de l'opposition le temps qui lui paraîtra convenable ; et, dans le cas où la prorogation n'aurait été ni accordée d'office, ni demandée, le défaillant pourra être relevé de la rigueur du délai, et admis à opposition, en justifiant qu'à raison d'absence, ou de maladie grave, il n'a pu être instruit de la contestation.

Art. 44. — La partie opposante qui se laisserait juger une seconde fois par défaut ne sera plus admise à former une nouvelle opposition.

TITRE VIII.

Des Jugements qui ne sont pas définitifs et de leur exécution.

ART. **45.** — Les jugements qui ne seront pas définitifs ne seront point expédiés quand ils auront été rendus contradictoirement et prononcés en présence des parties.

Dans le cas où le jugement ordonnerait une opération à laquelle les parties devraient assister, il indiquera le lieu, le jour et l'heure, et la prononciation vaudra citation.

ART. **46.** — Toutes les fois qu'un ou plusieurs Prud'hommes jugeront devoir se transporter dans une manufacture ou dans des ateliers pour apprécier, par leurs propres yeux, l'exactitude de quelques faits qui auraient été allégués, ils seront accompagnés par leur secrétaire, qui apportera la minute du jugement préparatoire.

ART. **47.** — Il n'y aura lieu à l'appel des jugements préparatoires qu'après le jugement définitif, et conjointement avec l'appel de ce jugement; mais l'exécution des jugements préparatoires ne portera aucun préjudice aux droits des parties sur l'appel, sans qu'elles soient obligées de faire à cet égard aucune protestation, ni réserve.

TITRE IX.

Des Enquêtes.

ART. **48.** — Si les parties sont contraires en faits de nature à être constatés par témoins, et dont le Conseil de Prud'hommes trouve la vérification utile et admissible, il ordonnera la preuve et en fixera précisément l'objet.

ART. **49.** — Au jour indiqué, les témoins, après avoir dit leurs noms, profession, âge et demeure, feront le serment de dire la vérité, et déclareront s'ils sont parents ou alliés des parties, et à quel degré, et s'ils sont leurs serviteurs ou leurs domestiques.

Art. 50. — Ils seront entendus séparément, hors comme en la présence des parties, ainsi que le Conseil l'avisera bien ; les parties seront tenues de fournir leurs reproches avant la déposition, et de les signer : si elles ne le savent ou ne le peuvent, il en sera fait mention.

Art. 51. — Les parties n'interrompront point les témoins ; après la déposition, le Président du Conseil de Prud'hommes pourra, sur la réquisition des parties, et même d'office, faire aux témoins les interpellations qu'il jugera convenables.

Art. 52. — Dans les causes sujettes à l'appel, le Secrétaire du Conseil dressera procès-verbal de l'audition des témoins ; cet acte contiendra leurs nom, prénoms, âge, profession et demeure, leur serment de dire la vérité, leur déclaration s'ils sont parents, alliés, serviteurs ou domestiques des parties, et les reproches qui auraient été fournis contre eux. Lecture de ce procès-verbal sera faite à chaque témoin, pour la partie qui le concerne ; il signera sa déposition, ou mention sera faite qu'il ne sait ou ne peut signer. Le procès-verbal sera, en outre, signé par le Président du Conseil, et contre-signé par le Secrétaire. Il sera procédé immédiatement au jugement, ou, au plus tard, à la première séance.

Art. 53. — Dans les causes de nature à être jugées en dernier ressort, il ne sera point dressé de procès-verbal ; mais le jugement énoncera les noms, âge, profession et demeure des témoins, leur serment, leur déclaration s'ils sont parents, alliés, serviteurs ou domestiques des parties, les reproches et le résultat des dépositions.

TITRE X.

De la Récusation des Prud'hommes.

Art. 54. — Un ou plusieurs Prud'hommes pourront être récusés :

1° Quand ils auront un intérêt personnel à la contestation;

2° Quand ils seront parents ou alliés de l'une des parties, jusqu'au degré de cousin germain, inclusivement;

3° Si, dans l'année qui a précédé la récusation, il y a eu procès criminel entre eux et l'une des parties, ou son conjoint, ou ses parents et alliés en ligne directe;

4° S'il y a procès civil existant entr'eux et l'une des parties, ou son conjoint;

5° S'ils ont donné un avis écrit dans l'affaire.

Art. 55. — La partie qui voudra récuser un ou plusieurs Prud'hommes sera tenue de former la récusation, et d'en exposer les motifs par un acte qu'elle fera signifier au Secrétaire du Conseil par le premier huissier requis. L'exploit sera signé, sur l'original et la copie, par la partie ou son fondé de pouvoir. La copie sera déposée sur le bureau du Conseil, et communiquée immédiatement au Prud'homme qui sera récusé.

Art. 56. — Le Prud'homme sera tenu de donner, au bas de cet acte, dans le délai de deux jours, sa déclaration par écrit, portant ou son acquiescement à la récusation, ou son refus de s'abstenir, avec ses réponses aux moyens de récusation.

Art. 57. — Dans les trois jours de la réponse du Prud'homme qui refuse de s'abstenir, ou faute par lui de répondre, une expédition de l'acte de récusation et de la déclaration du Prud'homme, s'il y en a, sera envoyée par le Président du Conseil au Président du Tribunal de commerce

dans le ressort duquel le Conseil est situé. La récusation y
sera jugée en dernier ressort, dans la huitaine, sans qu'il
soit besoin d'appeler les parties.

TITRE XI.

*Des sommes qui seront payées aux Secrétaires des
Conseils de Prud'hommes, aux Greffiers des Tribunaux de commerce et aux Huissiers.*

ART. 58. — Les parties pourront toujours se présenter
volontairement devant les Prud'hommes pour être conciliées par eux : dans ce cas, elles seront tenues de déclarer
qu'elles demandent leurs bons offices. Cette déclaration sera
signée par elles, ou mention en sera faite, si elles ne savent
signer. Il ne sera rien payé pour cet objet.

ART. 59. — Il sera payé aux Secrétaires des Conseils de
Prud'hommes les sommes suivantes :

Pour la lettre d'invitation de se rendre au Conseil, trente
centimes, ci.   0   30

Pour chaque rôle d'expédition qu'ils délivreront
et qui contiendra vingt lignes à la page et dix syllabes à la ligne, quarante centimes, ci.   .   .   .   0   40

Pour l'expédition du procès-verbal qui constatera que les parties n'ont pu être conciliées, et
qui ne doit contenir qu'une mention sommaire
qu'elles n'ont pu s'accorder, quatre-vingts centimes, ci.   0   80

Pour l'expédition du procès-verbal qui constatera le dépôt du modèle d'une marque, trois
francs, ci   3   00

ART. 60. — Il est alloué les sommes suivantes : au Greffier du Tribunal de commerce, pour l'expédition du procès-verbal qui constatera le dépôt du modèle d'une marque,

trois francs, ci 3 00

A l'Huissier attaché au Conseil de Prud'hommes, par chaque citation, un franc vingt-cinq centimes, ci. 1 25

Au même, pour la signification d'un jugement, un franc soixante-quinze centimes, ci. 1 75

S'il y a une distance de plus d'un myriamètre entre la demeure de l'huissier et le lieu ou devront être remises la citation et la signification, il sera payé par myriamètre, aller et retour :

Pour la citation, un franc soixante-quinze centimes, ci 1 75

Pour la signification, deux francs, ci . . . 2 00

Pour la copie des pièces qui pourra être donnée avec les jugements rendus, il sera payé à l'huissier, par chaque rôle d'expédition de vingt lignes à la page et de dix syllabes à la ligne, vingt centimes, ci. 0 20

ART. 61. — Il sera taxé aux témoins entendus par les Conseils de Prud'hommes une somme équivalente à une journée de travail, même à une double journée, si le témoin a été obligé de se faire remplacer dans sa profession. Cette taxation est laissée à la prudence des Conseils et des Maires.

Si le témoin n'a pas de profession, il lui sera taxé deux francs.

Il ne lui sera pas passé de frais de voyage, s'il est domicilié dans le canton où il est entendu ; s'il est domicilié hors du canton, et à une distance de plus de deux myriamètres et demi du lieu où il fera sa déposition, il lui sera alloué autant de fois une somme double de journée de travail, ou une somme de quatre francs, qu'il y aura de fois cinq myriamètres de distance entre son domicile et le lieu où il aura déposé.

Art. 62 — Au moyen de la taxation dont il est question dans les articles 59, 60 et 61, les frais de papier, de registre et d'expédition seront à la charge des Secrétaires des Conseils de Prud'hommes et des Greffiers des Tribunaux de commerce.

Art. 63. — Tout Secrétaire de Conseils de Prud'hommes, tout Greffier de Tribunaux de commerce, tout Huissier, convaincu d'avoir exigé une taxe plus forte que celle qui leur est allouée, sera puni comme concussionnaire.

TITRE XII.

Dispositions générales.

SECTION PREMIÈRE.

De l'inspection des Prud'hommes dans les ateliers, et du livret dont les ouvriers doivent être pourvus.

Art. 64. — L'inspection dans les ateliers, autorisée par l'article 29, titre IV de la loi du 18 mars 1806, n'aura lieu qu'après que le propriétaire de l'atelier aura été prévenu, deux jours avant celui ou les Prud'hommes devront se rendre dans son domicile ; celui-ci est tenu de leur donner un état exact du nombre de métiers qu'il a en activité et des ouvriers qu'il occupe.

Art. 65. — L'inspection des Prud'hommes a pour objet unique d'obtenir des informations sur le nombre de métiers et d'ouvriers ; et, en aucun cas, ils ne peuvent en profiter pour exiger la communication des livres d'affaires et des procédés nouveaux de fabrication que l'on voudrait tenir secrets.

Art. 66. — Si, pour effectuer leur inspection, les Prud'hommes ont besoin du concours de la police municipale, cette police est tenue de leur fournir tous les renseignements et toutes les facilités qui sont en son pouvoir.

Art. 67. — Les Conseils de Prud'hommes ne peuvent s'immiscer dans la délivrance des livrets dont les ouvriers doivent être pourvus aux termes de la loi du 22 germinal de l'an XI. Cette attribution est exclusivement réservée aux Maires ou à leurs adjoints.

SECTION II.

Du local où seront placés les Conseils de Prud'hommes, et des frais qu'entraînera la tenue de leurs séances.

Art. 68. — Le local nécessaire aux Conseils de Prud'-hommes, pour la tenue de leurs séances, sera fourni par les villes où ils seront établis.

Art. 69. — Les dépenses de premier établissement seront pareillement acquittées par ces villes ; il en sera de même des dépenses ayant pour objet le chauffage, l'éclairage et les autres menus frais.

Art. 70. — Le Président du Conseil de Prud'hommes présentera, chaque année, au Maire, l'état des dépenses désignées dans l'article ci-dessus : celui-ci les comprendra dans son budget, et lorsqu'elles auront été approuvées, il en ordonnancera le paiement, d'après les demandes particulières qui lui seront faites.

DÉCRET DU 3 AOUT 1810.

TITRE Ier.

De la juridiction des Prud'hommes pour les intérêts civils.

Art. 1er. — Les Conseils de Prud'hommes sont autorisés

à juger toutes les contestations qui naîtront entre les marchands-fabricants, chefs d'atelier, contre-maîtres, ouvriers, compagnons et apprentis, quelle que soit la quotité de la somme dont elles seraient l'objet, aux termes de l'article 23 de notre décret du 11 juin 1809.

Art. 2. — Leurs jugements seront définitifs et sans appel, si la condamnation n'excède pas 100 fr. en capital et accessoires.

Au-dessus de 100 fr., ils seront sujets à l'appel devant le Tribunal de commerce de l'arrondissement ; et à défaut de Tribunal de commerce, devant le Tribunal civil de première instance (*rectifié*).

Art. 3. — Les jugements des Conseils de Prud'hommes, jusqu'à concurrence de 300 fr., seront exécutoires par provision, nonobstant appel, aux termes de l'article 39 du décret du 11 juin 1809, et sans qu'il soit besoin, pour la partie qui aura obtenu gain de cause, de fournir caution.

Au-dessus de 300 fr., ils seront exécutoires, par provision, en fournissant caution (*rectifié*).

TITRE II

Attributions des Prud'hommes en matière de Police.

Art. 4. — Tout délit tendant à troubler l'ordre et la discipline de l'atelier, tout manquement grave des apprentis envers leurs maîtres, pourront être punis, par les Prud'hommes, d'un emprisonnement qui n'excédera pas trois jours, sans préjudice de l'exécution de l'article 19, titre V, de la loi du 22 germinal an XI, et de la concurrence des officiers de police et des Tribunaux.

L'expédition du prononcé des Prud'hommes, certifiée par leur Secrétaire, sera mise à exécution par le premier agent de police ou de la force publique sur ce requis.

DÉCRET DU 27 MAI 1848.

Art. 1er. -- Les Conseils de prud'hommes actuellement existants seront réorganisés d'après les bases suivantes :

Art. 2. -- Une instruction ministérielle déterminera le nombre des membres de chaque Conseil. Ce nombre sera, au minimum, de six membres, et, au maximum, de vingt-six, et toujours en nombre pair *(rectifié)*.

Le nombre des prud'hommes ouvriers sera toujours égal à celui des prud'hommes patrons.

Art. 3. -- Dans un délai de quinze jours, à dater de la promulgation du présent décret, il sera procédé à une nouvelle élection des membres de ces Conseils.

Art. 4. -- Les patrons et les ouvriers seront convoqués séparément, par le préfet, pour procéder, par scrutin de liste, à la majorité relative, à la désignation, dans leurs catégories respectives, d'un nombre de candidats triple de celui des membres à nommer.

L'assemblée des ouvriers sera présidée par le juge de paix, et l'assemblée des patrons par le suppléant du juge paix *(rectifié)*.

Art. 5. -- La liste des candidats ainsi nommés sera transmise, par le président de chaque assemblée, aux maires de la circonscription du tribunal de prud'hommes, pour être publiée et affichée *(rectifié)*.

Art. 6. -- Dans les huit jours qui suivront cette publication, les patrons et les ouvriers seront convoqués de nouveau pour procéder séparément, et sur la liste de candidats dressée conformément à l'art. 3, les patrons, à l'élection des Prud'hommes ouvriers, et les ouvriers à l'élection d'un même nombre de prud'hommes patrons. Cette élection sera faite à la majorité absolue *(rectifié)*.

Art. 7. -- Il sera dressé procès-verbal des opérations

électorales. Si ces opérations n'ont donné lieu à aucune protestation, le Président de chaque assemblée proclamera prud-
'hommes ceux qui auront obtenu le plus de suffrages.

En cas d'égalité de suffrages, le plus âgé sera préféré
(*rectifié*).

ART. 8. -- En cas de protestation, le procès-verbal,
avec les pièces à l'appui, sera envoyé au préfet, par qui
il sera transmis au Conseil de préfecture, qui statuera
dans le délai de huit jours.

ART. 9. -- Sont électeurs : tous les patrons, chefs d'a-
telier, contre-maîtres, ouvriers, compagnons, âgés de
vingt-un ans, et résidant, depuis six mois, au moins, dans
la circonscription du Conseil de Prud'hommes (*rectifié*).

ART. 10. -- Sont éligibles : tous les patrons, chefs d'a-
telier, contre-maîtres, ouvriers, compagnons, âgés de vingt-
cinq ans, sachant lire et écrire, et domiciliés, depuis un an
au moins, dans la circonscription du Conseil (*rectifié*).

ART. 11. -- Ne pourront être électeurs ni éligibles : les
étrangers, les faillis non réhabilités, toute personne, enfin,
qui aurait subi une condamnation pour un acte contraire
à la probité.

ART. 12. -- Tous ceux qui, depuis plus d'un an, paient
la patente et occupent un ou plusieurs ouvriers, seront
considérés comme patrons et voteront dans l'assemblée des
patrons (*rectifié*).

Les contre-maîtres et chefs d'atelier voteront également
dans l'assemblée des patrons (*rectifié*).

ART. 13. -- Les chefs d'ateliers et les contre-maîtres
pourront être élus à la prud'hommie, sans, toutefois, qu'ils
puissent former plus du quart des membres du Conseil
(*rectifié*).

ART. 14. -- Les Conseils seront renouvelés par tiers tous
les ans. Le sort désignera ceux des prud'hommes qui

seront renouvelés la première et la seconde année *(rectifié)*.

Les Prud'hommes seront rééligibles.

ART. 15. -- Les Prud'hommes rempliront désormais leurs fonctions au même titre. Toute distinction entre les titulaires et les suppléants est, en conséquence, supprimée.

ART. 16. -- La présidence des Conseils sera alternativement déférée, par voie d'élection, à un patron et à un ouvrier titulaire *(rectifié)*.

La présidence donnera voix prépondérante.

ART. 17. -- La durée de la présidence sera de trois mois *(rectifié)*.

ART. 18. -- Les patrons éliront, à la majorité absolue, le président ouvrier; et les ouvriers éliront, à leur tour et en la même forme, le président patron.

Le sort décide de la première Présidence *(rectifié)*.

ART. 19. -- En cas de partage, le plus âgé sera élu *(rectifié)*.

ART. 20. -- L'article 15 est applicable, dans toutes ses dispositions, à l'élection du Vice-Président, lequel sera pris dans la même catégorie que le Président *(rectifié)*.

ART. 21. -- Le Président et le Vice-Président seront rééligibles *(rectifié)*.

ART. 22. -- Une audience au moins par semaine sera consacrée aux conciliations. Cette audience sera tenue par deux membres : l'un patron, l'autre ouvrier.

ART. 23. -- Le Conseil se réunira au moins deux fois par mois pour juger les contestations qui n'auraient pu être terminées par voie de conciliation.

Le Conseil sera composé de quatre Prud'hommes patrons et de quatre Prud'hommes ouvriers.

ART. 24. -- Il sera procédé, dans le plus bref délai, à la révision des lois, décrets et réglements concernant les tribunaux de Prud'hommes.

LOI DU 1ᵉʳ JUIN 1853.

Art. 1ᵉʳ. — Les Conseils de Prud'hommes sont établis par décrets rendus dans la forme des règlements d'administration publique, après avis des Chambres de commerce ou des Chambres consultatives des arts et manufactures.

Les décrets d'institution déterminent le nombre des membres de chaque Conseil.

Ce nombre est de six au moins, non compris le président et le vice-président.

Art. 2. — Les membres des Conseils de Prud'hommes sont élus par les patrons, chefs d'atelier, contre-maîtres et ouvriers appartenant aux industries dénommées dans les décrets d'institution, suivant les conditions déterminées par les articles ci-après.

Art. 3. — Les présidents et les vice-présidents des Conseils de Prud'hommes sont nommés par l'Empereur. Ils peuvent être pris en dehors des éligibles. Leurs fonctions durent trois années. Ils peuvent être nommés de nouveau.

Les secrétaires des mêmes Conseils sont nommés et révoqués par le préfet, sur la proposition du président.

Art. 4. — Sont électeurs :

1° Les patrons âgés de vingt-cinq ans accomplis, patentés depuis cinq années au moins, et domiciliés depuis trois ans dans la circonscription du Conseil ;

2° Les chefs d'atelier, contre-maîtres et ouvriers, âgés de vingt-cinq ans accomplis, exerçant leur industrie depuis cinq ans, au moins, et domiciliés depuis trois ans dans la circonscription du Conseil.

Art. 5. — Sont éligibles les électeurs âgés de trente ans accomplis, et sachant lire et écrire.

Art. 6. — Ne peuvent être éligibles, ni électeurs, les

étrangers, ni aucun des individus désignés dans l'art. 15 de la loi du 2 février 1852.

ART. 7. — Dans chaque commune de la circonscription, le maire, assisté de deux assesseurs qu'il choisit, l'un parmi les électeurs patrons, l'autre parmi les électeurs ouvriers, inscrit les électeurs sur un tableau qu'il adresse au préfet.

La liste électorale est dressée et arrêtée par le préfet.

ART. 8. — En cas de réclamation, le recours est ouvert devant le Conseil de préfecture, ou devant les tribunaux civils, suivant les distinctions établies par la loi sur les élections municipales.

ART. 9. — Les patrons, réunis en assemblée particulière, nomment directement les Prud'hommes patrons.

Les contre-maîtres, chefs d'atelier, et les ouvriers, également réunis en assemblée particulière, nomment les Prud'hommes ouvriers en nombre égal à celui des patrons.

Au premier tour de scrutin, la majorité absolue des suffrages est nécessaire ; la majorité relative suffit, au second tour.

ART. 10. — Les Conseils de Prud'hommes sont renouvelés par moitié tous les trois ans. Le sort désigne ceux des Prud'hommes qui sont remplacés la première fois.

Les Prud'hommes sont rééligibles.

Lorsque, par un motif quelconque, il y a lieu de procéder au remplacement d'un ou plusieurs membres d'un Conseil de Prud'hommes, le préfet convoque les électeurs.

Tout membre élu en remplacement d'un autre ne demeure en fonction que pendant la durée du mandat confié à son prédécesseur.

ART. 11. — Le Bureau général est composé, indépendamment du président ou du vice-président, d'un nombre égal de Prud'hommes patrons et de Prud'hommes ouvriers. Ce nombre est au moins de deux Prud'hommes patrons et de deux Prud'hommes ouvriers, quel que soit celui des membres dont se compose le Conseil.

Art. 12. — Les jugements des Conseils de Prud'hommes sont signés par le président et par le secrétaire.

Art. 13. — Les jugements des Conseils de Prud'hommes sont définitifs, et sans appel, lorsque le chiffre de la demande n'excède pas deux cents francs en capital.

Au-dessus de deux cents francs, les jugements sont sujets à l'appel devant le tribunal de commerce.

Art. 14. — Lorsque le chiffre de la demande excède deux cents francs, le jugement de condamnation peut ordonner l'exécution immédiate, et à titre de provision, jusqu'à concurrence de cette somme, sans qu'il soit besoin de fournir caution.

Pour le surplus, l'exécution provisoire ne peut être ordonnée qu'à la charge de fournir caution.

Art. 15. — Les jugements par défaut qui n'ont pas été exécutés dans le délai de six mois sont réputés non avenus.

Art. 16. — Les Conseils de Prud'hommes peuvent être dissous par un décret de l'Empereur, sur la proposition du ministre compétent.

Art. 17. — L'autorité administrative peut toujours, lorsqu'elle le juge convenable, réunir les Conseils de Prud'hommes, qui doivent donner leur avis sur les questions qui leur sont posées.

Art. 18 — Après la promulgation de la présente loi, il sera procédé au renouvellement intégral des Conseils de Prud'hommes existants

Art. 19. — Sont maintenues les dispositions des lois, décrets et ordonnances qui ne sont pas contraires à la présente loi.

TABLE DES MATIÈRES.

ÉTUDE SUR LES CONSEILS DE PRUD'HOMMES.

TEXTE DES LOIS.

—

Vienne. Imp. et Lith. de J. TIMON, rue des Capucins, 7. — 1862.

www.ingramcontent.com/pod-product-compliance
Ingram Content Group UK Ltd.
Pitfield, Milton Keynes, MK11 3LW, UK
UKHW021935070726
13614UKWH00001B/433